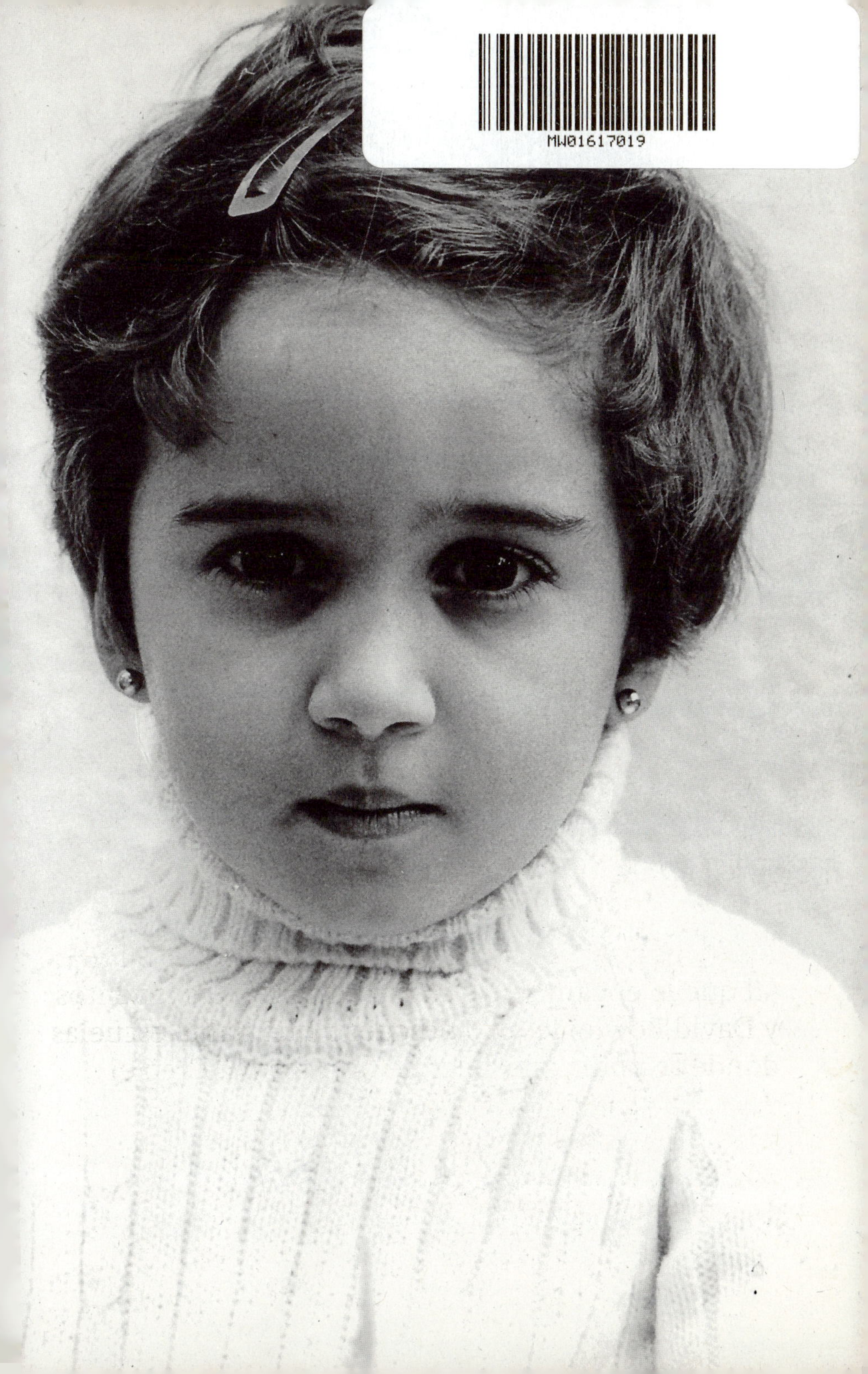

Almudena García

Otra educación ya es posible. Una introducción a las pedagogías alternativas

LIT-
ERA

1.ª edición: enero de 2017
2.ª edición: marzo de 2017

Nota de la autora:

La información legal contenida en esta obra ha sido contrastada, pero puede haber cambiado para cuando la leas. Si tienes dudas, consulta a un profesional.

Litera libros, 2017
C/ Sant Josep 45
46550 Albuixech
www.literalibros.com

Dirección creativa: Ladies & Gentlemen

Asesoramiento lingüístico: Ortogràfic

Impresión: Gràfiques Vimar

ISBN: 978-84-946013-3-0
Depósito legal: V-3187-2016
Impreso en España

A la «colla de l'Eskolé», inspiración constante,
y a la señorita Mari Carmen, que nos leía cuentos.

Índice

La mente no es una vasija por llenar,
sino un fuego por encender.
PLUTARCO

Al niño le gusta la naturaleza y le encerraron en el aula; al niño le gusta comprobar que su quehacer tiene sentido y le llevaron a realizar tareas sin objetivo; le gusta moverse y le ataron a la inmovilidad; le gusta manejar objetos y le pusieron en contacto con el mundo de las ideas; le gusta usar las manos y solo le dejaron trabajar con su cerebro; le gusta hablar y le obligaron al silencio; quisiera razonar y le hicieron memorizar; quisiera buscar la ciencia y se la dieron ya masticada; quisiera entusiasmarse e inventaron el castigo.
ADOLPHE FERRIÈRE

A veces estamos demasiado dispuestos a creer
que el presente es el único estado posible de las cosas.
MARCEL PROUST

Introducción

He visto cosas que no creeríais. Pequeños de cuatro años discutiendo por un juguete y después pactando que lo usarán por turnos. Materiales para aprender matemáticas que hacen que los adultos que las aborrecieron quieran volver a la escuela. Alumnos de primaria de ambientes desfavorecidos comentando los clásicos. Niños de infantil utilizando herramientas de carpintería con destreza en un proyecto que ellos mismos han decidido llevar a cabo. Familias quedando el fin de semana para construir un barco pirata en un patio. Dibujos hechos con tiza de una belleza inigualable, que el profesor borra cada día para que los alumnos comprendan el valor del trabajo bien hecho, aunque sea efímero.

Pero también he visto escuelas que se declaran innovadoras en las que no hay más novedad que haber comprado unas *tablets*. Colegios donde parece más importante contentar a los padres que la pedagogía. Desaprensivos que desvirtúan el trabajo que durante décadas han llevado a cabo educadores comprometidos y que se llenan la boca de palabras como «cooperación» y «respeto» cuando lo único que les importa es su bolsillo. O gente rebotada de la educación convencional que ahora se pasa al otro extremo y dice que ya no hace falta aprender nada, porque Google ya lo sabe todo.

Cuento aquí todo lo que he visto, con sus luces y sus sombras, esperando que sea útil a quienes quieran saber más sobre lo que se ha dado en llamar «pedagogías activas», «educación alternativa» o, sencillamente, «nueva educación». Por supuesto, para ser un buen docente no es obligatorio seguir ninguno de estos modelos, pero conocerlos puede ser de gran ayuda.

Ojalá estas páginas sirvan además para fomentar el diálogo. Para que desde estos enfoques se ejerza más la autocrítica y para que quienes están en contra se quiten algunos prejuicios de encima. Hay profesores a los que admiro que juzgan todo esto como una mera ocurrencia que malcría a los niños. Y otras personas que, por el contrario, creen que lo que toca ahora es arrojar todo lo que suene a escuela tradicional por el desagüe, sin darse cuenta de que están tirando al niño con el agua del baño.

Sé que tal y como está el patio un debate serio no parece ahora mismo posible, pero os aseguro que cosas más increíbles he visto.

Capítulo 1
Crisis, ¿qué crisis?

Hace muchos, muchos años...

Corrían los años ochenta. Yo estudiaba bachillerato en un instituto público. Los profesores decían de nuestra clase que era la peor —luego supimos que también se lo decían a los del grupo de al lado—. Recuerdo especialmente las clases de ciencias naturales, porque suponían un espectáculo asegurado: entraba en escena una profesora de unos sesenta años, con falda y blusa grises, que nada más pisar la clase y vernos a todos hablando —algunos además subidos por las mesas y otros tirándose cosas— ponía los ojos en blanco y echando la cabeza para atrás, exclamaba: «¡Pero qué sanos, pero qué espontáneos!». Nosotros no entendíamos nada, así que nos limitábamos a partirnos de risa, sobre todo cuando añadía «¡Me voy a tirar por la ventana! —estábamos en un primer piso— ¡Menos mal que el año que viene me jubilo!». Poco aprendí ese año sobre las leyes de Mendel: me las miré en el libro el día de antes del examen, y si de algo me acuerdo, es de que los caprichos genéticos a menudo saltan una generación. «Ah, por eso yo no he sacado el tipazo de mi madre...» —cavilé con cierta amargura—.

Tampoco comprendí entonces por qué esta mujer pronunciaba con tanto desdén la palabra «espontáneos», pero sí recuerdo que sus crisis se agudizaban cada vez que tocaba claustro. Ha sido décadas después cuando por fin he tenido cierta idea sobre de qué iba todo esto. En esos años, los alumnos asistimos a un auténtico choque de trenes protagonizado por los profesores de la vieja escuela —defensores de la autoridad, la disciplina y el esfuerzo— y los más «progres», que abogaban por una educación menos represiva y más respetuosa hacia las inclinaciones y los ritmos de los alumnos —esos éramos nosotros, los espontáneos—.

Lamentablemente, esta diversidad de opiniones no se tradujo en un intercambio de ideas que podría haber sido productivo. Por el contrario, cada uno se obstinó en sus opiniones y lo que podría haber sido una buena ocasión para modernizar nuestro sistema educativo, se quedó en algo que no convenció a nadie. Mi profesora de «natu» vivió sus últimos años como docente sintiéndose impotente ante la falta de civismo de sus alumnos, a los que ya no estaba bien visto castigar. Por su parte, los profesores más progresistas tampoco vieron materializarse en los años siguientes los cambios que perseguían. Las leyes de educación se han ido sucediendo —ya vamos por la séptima desde que se instauró la democracia— sin buscar un consenso ni escuchar a sus protagonistas. La aprobación de cada nueva ley se ha visto acompañada de agrios debates y de manifestaciones de protesta en las calles.

Especialmente álgida fue la llegada de la LOGSE (1990), que cambió lo que antes eran EGB y BUP por Educación Primaria (6-12 años), Educación Secundaria Obligatoria (12-16 años) y Bachillerato (16-18 años). Las principales críticas que recibió fueron la de defender un modelo de enseñanza (el constructivismo) con el que no estaban de acuerdo muchos profesores, y la de que pretendía igualar por lo bajo: en ESO, los requisitos para pasar de curso e incluso para obtener el título se habían relajado bastante (era posible graduarse con algunas asignaturas sin aprobar). Esto significó, en la práctica, una caída en picado del nivel académico. Los alumnos que pasaban de curso con bastantes suspensos ponían a los profesores ante el dilema de continuar a un ritmo que pudieran seguir todos, o al que se hubiera esperado si se hubieran alcanzado los objetivos del curso anterior. La educación obligatoria se había prolongado dos años más, pero el nivel de los alumnos al finalizarla no era mejor que el que obtenían los alumnos de la EGB.

La situación actual

En general, las leyes aprobadas por el PSOE han apostado por la descentralización (traspaso de competencias en materia de educación a las comunidades autónomas), el apoyo a la gestión democrática de los centros, la no segregación de los alumnos durante el periodo de educación obligatoria y la defensa de una escuela laica. Todo esto ha sido criticado por el PP, que en sus leyes ha defendido que los padres puedan elegir centro según sus creencias religiosas —lo que en la práctica ha significado un respaldo a los centros concertados— y que los alumnos puedan seguir distintos itinerarios según su rendimiento con el fin de estimular la excelencia.

A pesar de que la comunidad educativa lleva tiempo reclamando un pacto de Estado en materia de educación, parece complicado que «las dos Españas» puedan ponerse de acuerdo en temas como el papel de la religión o la conveniencia de que las comunidades autónomas establezcan sus propios currículos.

Mientras tanto, los docentes se quejan de la falta de disciplina en las aulas y un 65 % de ellos padece el «síndrome del profesor quemado», el agotamiento que aparece como resultado de una relación dura y frustrante con alumnos o compañeros[1]. La depresión y el estrés han hecho mella en el colectivo, lo que se ha traducido en un aumento de las bajas y de las jubilaciones anticipadas.

Los alumnos no parecen estar mucho más motivados: en los últimos años, la crisis ha provocado un ligero descenso de la tasa de abandono escolar temprano —al no haber trabajo muchos optan por continuar estudiando—, pero, aún así, duplicamos la media europea con un porcentaje de un 21,9 %. Tampoco son buenos los resultados de España en el Informe PISA, donde nos

---

[1] «En España, el 65 % de los profesores están quemados y un tercio de los alumnos repite». *La información.* http://noticias.lainformacion.com/educacion/en-espana-el-65-de-los-profesores-estan-quemados-y-un-tercio-de-los-alumnos-repite_wKSvdi6GI0Msxd1nZyzIq5/

encontramos por debajo de la media de los países de la OCDE en matemáticas, lengua y ciencias pero, sobre todo, en la habilidad para resolver problemas[2].

Son muchas las voces críticas con el Informe PISA y en general con cualquier tipo de prueba diagnóstica, ya que pueden pervertir las prácticas educativas, modificándolas solo para salir bien en la foto. Los políticos se apresuran a interpretar los puntos débiles que muestran los resultados y a introducir reformas cortoplacistas para mejorarlos. Llevada al extremo, esta tendencia puede hacer que la educación degenere para convertirse en un mero entrenamiento para pasar un test, como sucede en la preparación del teórico de la licencia de conducir. ¿Quién se acuerda, una vez obtenido el carnet, de cuál es la masa máxima autorizada de un remolque que puede llevar un turismo? Nadie. No es algo que se requiera para conducir y si en algún momento necesitamos saberlo, podemos consultarlo en el manual. Sin embargo, en las autoescuelas se prepara durante semanas a los futuros conductores para pasar las preguntas relacionadas que puedan aparecer en un test —incluidas las preguntas trampa, esas que se fallan más por los nervios que por no saber la respuesta—.

No hay que olvidar, además, que PISA es una prueba que depende de la OCDE, por lo que hace hincapié en el papel económico de la educación. Y, sin embargo, las últimas recomendaciones que ha hecho a nuestro país suenan hasta revolucionarias: reducir el tiempo dedicado a los deberes —excesivo e inútil—, promover una mayor autonomía y transparencia en los centros y reformar la metodología, actualmente más centrada en la reproducción de conocimientos que en la resolución de problemas complejos[3].

---

[2] Los resultados del Informe PISA pueden consultarse en la web de la OCDE: https://www.oecd.org/

[3] En palabras de Andreas Schleicher, responsable de Educación de la OCDE: «La economía mundial no se centra en lo que se sabe, sino en lo que se puede hacer con lo que se sabe. El

Pero, ¿esto ocurre solo aquí?

La educación es ahora mismo un tema que preocupa a nivel internacional. El mundo ha cambiado en los últimos años a una velocidad vertiginosa, mientras que las políticas educativas han tendido a ser muy conservadoras y a mojarse poco. A la escuela le está costando adaptarse a la nueva situación social y económica. El *Manifiesto 15*, suscrito por escuelas, estudiantes y pedagogos de diferentes países, denuncia prácticas pedagógicas obsoletas y opta por una educación que considere al alumno parte del proceso. Que valore la creatividad, que no penalice el error, que ponga fin a los exámenes obligatorios y a la obsesión por medir resultados.

> Necesitamos entender muy bien y tener muy claro para qué estamos educando, por qué lo hacemos y a quién sirven nuestros sistemas educativos. La tendencia *mainstream* escolar obligatoria se basa en un modelo anticuado del siglo XVIII, que pretende crear ciudadanos con el potencial de convertirse en trabajadores fabriles leales, productivos, y en burócratas. En la era posindustrial, este no debería ser el objetivo final de la educación. Necesitamos apoyar a los aprendices a convertirse en innovadores, capaces de utilizar su propia imaginación y creatividad para generar en la sociedad nuevos resultados. Debemos hacerlo. Porque los desafíos de hoy no pueden afrontarse con el antiguo modo de pensar. Todos somos corresponsables de crear el futuro con resultados positivos, que beneficien a todos en todo el mundo[4].

El desencanto con el sistema actual es por tanto generalizado, pero en España, además, se ha visto agravado por la crisis. Continuos recortes han llevado

---

siglo XXI requiere un enfoque distinto de la enseñanza». En: http://sociedad.elpais.com/sociedad/2014/03/31/actualidad/1396296378_749672.html

[4] http://www.manifesto15.org/

a reducir la plantilla de profesores, congelar sueldos y eliminar becas. Muchas escuelas de reciente creación llevan a cabo su actividad en barracones, sin que esté previsto siquiera su emplazamiento definitivo. Los adolescentes observan con desesperanza el futuro. Si sus hermanos mayores, que cursaron una carrera y un máster, han tenido que emigrar y han acabado realizando trabajos poco cualificados, ¿para qué estudiar? La generación «nini», que ni estudia ni trabaja, languidece en un ocio frustrante al que no ve salida. Es la consecuencia de haber acabado identificando la educación con una mera preparación para el mundo laboral.

Se sufre. Pero, ¿se aprende?

Es una escena que se repite en cada jornada de puertas abiertas de colegios públicos más o menos alternativos: después de que el equipo directivo y algunas familias expliquen con entusiasmo lo que diferencia a su escuela, una madre levanta la mano y con gesto inquisitivo pregunta si es verdad que allí los niños no hacen deberes. Siempre es la misma mirada cansada de quien considera que si a ella, después de haber llevado tareas para casa cada día, le ha costado tanto salir adelante, a su hijo le irá aún peor si no hace deberes en absoluto. Nunca se cuestionan si a lo mejor es que no tenía sentido hacer tantos deberes —tal vez porque llegar a esta conclusión sería demasiado deprimente—.

El sistema educativo tradicional contribuye a esta percepción. La respuesta a su propia crisis ha sido atrincherarse más en sus posiciones. Los niños hoy tienen que hacer aún más deberes que hace unos lustros. Dos y tres horas de trabajo extra para casa se consideran algo normal. Los niños ya no parecen niños, sino ejecutivos estresados. Apenas les queda tiempo para jugar, socializar, o ayudar con las tareas domésticas.

Literalmente, les están robando la infancia. ¿En nombre de qué?

La razón, supuestamente, es que los deberes son necesarios para aprender a organizarse y fomentan el esfuerzo. Pero siguiendo este razonamiento, cuando los adultos tienen que hacer horas extra gratis, también estarían creando hábitos de trabajo y superación personal... Otra razón que se suele aducir es que las tareas escolares ayudan a los hijos de las familias más desfavorecidas, aquellos que en sus casas no cuentan con un ambiente estimulante y que en su tiempo de ocio no harán otra cosa que holgazanear[5]. Sin embargo, la realidad es la contraria: justamente los niños en cuyo hogar hay problemas económicos o familiares, no podrán hacer las tareas escolares con la misma tranquilidad que aquellos que pueden realizarlas en un entorno adecuado y con ayuda de sus padres[6].

La situación se ha vuelto tan insostenible que han surgido campañas de recogida de firmas y grupos de familias que reclaman una racionalización de los deberes. Alegan que la conciliación familiar ya es complicada de por sí; que los hijos vuelvan a casa con horas extra que hacer cada día no hace sino agravar el problema. Se llega a situaciones absurdas, como padres acabándoles los trabajos a los hijos para que puedan tener un poco de tiempo libre.

Lo peor es que todo este sobreesfuerzo es absolutamente inútil. Según, otra vez, la OCDE, dedicar más de 4 horas semanales a los deberes no redunda en

---

[5] El argumento de que si los niños no tienen deberes se pasan las tardes jugando a la consola, aparte de discutible, es un arma de doble filo, ya que muchos padres consideran que sus hijos tienen tantas obligaciones que luego no es cuestión de prohibirles nada. Así que toda una generación está creciendo concibiendo la vida como sacrificio/evasión.

[6] Girona, Joan, (2015, 29 de octubre). «Lo que más influye en el aprendizaje es el entorno familiar». *Tiching*. http://blog.tiching.com/joan-girona-lo-que-mas-influye-en-el-aprendizaje-es-el-entorno-familiar

unos mejores resultados[7]. Sin embargo, es un tema que la sociedad tiene tan interiorizado, que apenas se cuestiona. Ni siquiera las leyes que en su día los prohibieron fueron tenidas en cuenta:

> 1.º Los programas de los centros serán elaborados de forma que eviten como norma general el recargo de actividad de los alumnos con tareas suplementarias fuera de la jornada escolar.
> 2.º Con carácter transitorio y excepcional se podrán asignar deberes más intensos y de forma individual a aquellos alumnos que, por ausencia prolongada u otras graves razones, no hayan podido seguir el ritmo normal de trabajo en el centro.
> 3.º Cuando en estos casos excepcionales se considere necesario por parte del equipo de profesores programar actividades cooperativas o individuales para ser realizadas por los alumnos fuera del Colegio habrán de ponderarse en sus aspectos cuantitativo y cualitativo.
> Cuantitativamente se graduará cuidadosamente este tipo de actividades de forma tal que su intensidad sea inversamente proporcional a las edades respectivas, y sin que en ningún caso disminuya el tiempo que los niños de este nivel de enseñanza deben disponer para el descanso, el juego y la convivencia en el seno del hogar.
> Cualitativamente, las tareas que se realicen fuera de la clase se ajustarán también a las edades y niveles alcanzados, evitándose el encargo de trabajos mecánicos, pasivos o repetitivos. Para estos casos, parecen más adecuadas las actividades que supongan la consulta de libros, búsqueda de información y de materiales diversos, tareas de expresión y creatividad.
> 4.º Cuando, como sucede en la segunda etapa de Educación Básica, existan varios profesores para un grupo de alumnos, se buscará la debida coordinación entre los mismos para evitar la sobrecarga de tareas y el consiguiente agobio de los escolares. Los profesores afectados se pondrán de acuerdo respecto a la

[7] López, C. (2014, 13 de diciembre). «Dedicar más de 4 horas semanales a los deberes es inútil». *La Vanguardia*. http://www.lavanguardia.com/vida/20141213/54421378580/dedicar-horas-semanales-deberes-inutil.html

> forma de asignar estos trabajos, debiendo atribuirse al tutor la regulación de los mismos.
> 5.º En aquellos centros que tengan establecida voluntariamente la realización de actividades extraescolares que supongan prolongación de la jornada escolar normal, quedarán totalmente suprimidas las tareas para realizar por los alumnos en sus domicilios.

¿Suena avanzado? Es del año 1973[8]. En 1984, el entonces ministro de educación J. M. Maravall envió una circular a los centros recordando la normativa. La mayoría hizo caso omiso.

Hiperinflación académica

Estás perdiendo la vida de tanto querer ganarla.
JOSÉ BERGAMÍN

Con los títulos académicos pasa lo mismo que con el dinero u otros bienes: valen más cuanto más escasos son. Hace un siglo, cuando solo una minoría podía acceder a la universidad, quienes acababan los estudios contaban con empleo asegurado. Incluso el título de bachiller ya brindaba buenas perspectivas profesionales.

A partir de los setenta, sin embargo, comenzaron los esfuerzos por universalizar la educación en la etapa de primaria. Durante la década anterior, España había comenzado su modernización. Un porcentaje importante de la población había dejado el campo para marchar a las ciudades. Era necesario que los hijos de la emigración, que ya no iban a aprender de sus padres el oficio que sus familias habían llevado a cabo durante generaciones, fueran escolarizados para adquirir una

[8] RESOLUCIÓN de la Dirección General de Ordenación Educativa por la que se dan normas sobre la realización de trabajos escolares fuera de los Centros de Educación Básica. B.O.E 18 octubre 1973.

formación que les permitiera acceder a los oficios que ofrecía el entorno urbano.

La nueva situación socio-económica requería además hacer llegar la educación media y superior a amplias capas de la población. Pronto, los títulos dejaron de ser tan eficaces a la hora de encontrar trabajo. Se volvieron necesarios, pero no suficientes, porque ahora había competencia. Cada vez que una crisis ha hecho subir la tasa de paro, el problema se ha agravado.

Curiosamente, cuanto más se devalúan los títulos, más caros salen y más se defiende desde el ámbito de la educación formal su importancia. «¿Que estudiar una carrera ya no es garantía de nada? Claro que no, porque ahora lo que hay que hacer es, además, un máster». El proceso, como estamos viendo ahora mismo, parece no tener fin, ya que cuantos más estudiantes cursan un doctorado o un máster, menos valor tienen estos títulos. Con las perspectivas laborales tan crudas que se presentan ante los jóvenes, el círculo vicioso está servido: si no hay trabajo, se continúa, si se puede, estudiando.

Ello es debido al «credencialismo»: en teoría, en un proceso de selección tendrá más éxito el candidato que pueda presentar más acreditaciones. Incluso es frecuente que el empleador exija más títulos de los que realmente se necesitan para desarrollar el empleo, como forma de filtro, y por la sencilla razón de que abundan. En la calle, el credencialismo recibe el nombre de «titulitis». Solo el nombre ya indica que se trata de un fenómeno ridículo, pero ahí está: todavía hay departamentos de recursos humanos que valoran a los candidatos según su trayectoria académica al peso, sin valorar otros aspectos como la experiencia, la capacidad de iniciativa o la facilidad para hablar en público o trabajar en equipo —que apenas se desarrollan en el mundo académico—.

Lamentablemente, las empresas más carcas continúan con sus titulitis —lo mismo que con sus enchufes y sus pelotas—. Si en otros países se considera que quien no acaba su jornada laboral a la hora establecida es porque es poco productivo, aquí todavía hay oficinas en las que está mal visto irse antes que el jefe. España es uno de los países en los que más horas se dedican a «calentar la silla» pero más baja es la productividad por trabajador. ¿No recuerda esto a la cantidad de deberes que se mandan para los pobres resultados que después se obtienen?

La situación, sin embargo, va cambiando poco a poco en algunos sectores, que justamente son los que mejor están sobreviviendo a la crisis. Las empresas más punteras, en sus pruebas de selección, tienen en consideración aspectos del candidato como la capacidad de resolver problemas, y si se trata de evaluar conocimientos, se ha de pasar una prueba donde se demuestren, independientemente de los títulos —que en muchas ocasiones se obtuvieron hace tiempo y no son garantía de lo que realmente se sabe en el presente—.

Ajena a estas consideraciones, la escuela se ha dejado imbuir por la lógica de la inflación académica: se fomenta la competitividad desde edades cada vez más tempranas, a través de múltiples exámenes. Se menosprecian materias como la música o la filosofía, porque «no sirven para nada», mientras que es cada vez mayor el endiosamiento de las TIC (tecnologías de la información y la comunicación). El bilingüismo y las nuevas tecnologías son el traje nuevo del emperador con el que entusiasmar a las familias —poco importa que quienes dan las clases estén en muchos casos escasamente preparados—. He llegado a escuchar, en unas jornadas de puertas abiertas de una escuela en la que se daban clases de robótica, que quienes no matricularan a sus hijos allí serían culpables de su fracaso. Lo explicaban como si nos esperara un futuro apocalíptico a lo *Mad Max*, pero la salvación no estuviera ya en la gasolina, sino en los androides... No, no se trata ya de la «educación tradicional»; lo que tenemos ahora es otra cosa que no convence a nadie.

Confundiendo el tocino con la velocidad, hay quienes defienden la extensión de la educación obligatoria de 0 a 18 años, con la idea de fomentar la competitividad y permitir la conciliación[9]. Los alumnos deben pasar cada vez más horas en el aula, haciendo deberes o en clases de refuerzo o extraescolares. Por el bien de los niños, no se les está permitiendo ser niños.

---

[9] BAENA, A. (2016, 28 de marzo) «Diario de malamadre: conciliar no es ampliar los horarios de los colegios». *Club de las malasmadres*. http://clubdemalasmadres.com/diario-de-malamadre-conciliar-no-es-ampliar-los-horarios-de-los-colegios

Capítulo 2: Las alternativas

El medio que aviva las ideas singulares acostumbra a ser adverso.
ERICH FROMM

No todos los docentes, ni tampoco todas las familias, están de acuerdo con la deriva actual de la escuela. Sin embargo la sociedad, cada vez más interesada en saber qué está ocurriendo con la educación —se considera uno de los diez principales problemas de los españoles, según el barómetro del CIS— no está encontrando un debate serio sobre el tema, sino posturas cada vez más polarizadas.

La solución a una institución que se encuentra en crisis debería pasar por renovarla. En lugar de ello, la última ley de educación (la LOMCE o *ley Wert*) ha apostado por ahondar más en lo que esta fallando. Con un marcado énfasis en el factor económico, la ley ha recogido, puestos al servicio del mercado, valores de la escuela tradicional como el esfuerzo, la disciplina o la competitividad (incluso entre centros, a través de evaluaciones externas destinadas a hacerse públicas).

Si la anterior ley (la LOE) concebía la educación como la forma de transmitir valores, fomentar la convivencia democrática, el respeto a las diferencias individuales, promover la solidaridad, etc., la LOMCE, por su parte, la entiende como el medio para «competir con éxito en la arena internacional». Como resultado, ha aumentado la presión académica. El currículum se ha vuelto más exigente, sin tener en cuenta el desarrollo evolutivo del niño ni sus intereses. En lugar de haber tomado como ejemplo los sistemas educativos de los países que están a la cabeza en PISA, como Finlandia, la ley ha buscado mejorar los resultados mediante *rankings*, segregación temprana y reválidas.

No es de extrañar, pues, que en este caldo de cultivo hayan proliferado las propuestas alternativas. Se habla de un auténtico *boom* de la educación activa[1]: el directorio Ludus, que recoge escuelas, institutos y grupos de crianza de diferentes pedagogías, pasó de contabilizar 30 proyectos en 2013 a más de 800 en 2016.

Como hemos visto en el capítulo 1, distintas causas contribuyen a que la sociedad esté empezando a percibir el actual modelo como agotado. El fenómeno no se da exclusivamente en España; sin embargo, aquí se ha agudizado por varias razones. La primera, es que hemos sido de los países más afectados por la crisis económica; la segunda, que en buena parte se achaca la crisis a que el sistema educativo funciona mal (y la última ley no habría hecho sino empeorarlo); y por último, pero no menos importante, porque la crisis, además de económica, ha sido de valores. En los tiempos de «España va bien» también había problemas, la corrupción era galopante y los precios de los pisos estaban tan inflados que los jóvenes lo tenían muy complicado para acceder a una vivienda. Pero la confianza en las instituciones aún no se había quebrado. Fue tras el estallido de la burbuja, cuando un mileurista pasó de ser lo más bajo a un privilegiado, cuando se comenzó a extender esta sensación de «sálvese quien pueda», a la vez que se despertó una necesidad de buscar respuestas colectivas que había permanecido hasta entonces dormida. La ciudadanía se empoderó.

---

[1] Larrañeta, A. (2015, 5 de noviembre). «*Boom* de la educación con pedagogías alternativas». *20 minutos*. http://www.20minutos.es/noticia/2450363/0/educacion/pedagogias-alternativas/proyectos-espana

Este fue el caldo de cultivo que propició que en los últimos cinco años hayan surgido más proyectos alternativos que en los veinte anteriores. Sin este cuestionamiento de «lo oficial» que comenzó entonces, sería difícil entender que las pedagogías alternativas tengan ahora tanto empuje.

¿En que consisten estas pedagogías?

> *Nos pasamos el primer año de la vida de un niño enseñándole a hablar y caminar. Y el resto de sus vidas les decimos que se callen y se estén quietos.*
>
> NEIL DEGRASSE TYSON

Las «pedagogías alternativas» se denominan así por constituir alternativas a la tradicional. Sin embargo, el hecho de definirse por oposición a otra cosa plantea múltiples cuestiones: «¿Qué es a estas alturas tradicional... acaso sigue memorizándose en algún colegio la lista de los reyes godos? ¿Autodenominarse alternativas no parece condenarse a permanecer siempre en los márgenes? ¿Una escuela que educara en la discriminación no sería superalternativa...?». Por eso hay quienes prefieren referirse a ellas como «pedagogías activas».

Esta denominación, con todos sus peros[2], resulta además menos problemática. Y es que, si bien en la calle se asocia «pedagogías alternativas» a Waldorf, Montessori y educación libre, las dos primeras rechazan abiertamente que se las etiquete de esta forma.

Es corriente también referirse a ellas como «pedagogías innovadoras»; en este caso, el problema es que algunas de ellas cuentan ya con cien años de historia. Además, algunas escuelas se proclaman

[2] «Escuela activa» es una expresión que utilizaron inicialmente autores de la «Escuela Nueva» (o «Escuela Progresista») como Ferriére o Claparède.

innovadoras solo por haber sustituido la pizarra tradicional por la pizarra digital —aunque sea para continuar con las mismas dinámicas—.

Tampoco resulta acertado calificarlas como «no directivas», puesto que algunas sí lo son. Eso sí, todas coinciden en un punto fundamental: el alumno es entendido como el protagonista de sus aprendizajes. No es tratado como un sujeto que no sabe nada y cuya opinión no importa, que recibe pasivamente las enseñanzas del educador. Por el contrario, sus intereses, sus motivaciones y sus ritmos son respetados. Se le concede tiempo para ser niño. El juego es entendido como su trabajo, la manera que tiene de comprender el entorno y comprenderse a sí mismo.

«Por mucho que la estiremos, la hierba no crece más rápido», dice un proverbio africano. Esta idea es muy tenida en cuenta en las pedagogías activas. El niño no es concebido como un humanito incompleto al que hay que llevar cuanto antes a la fase adulta. Por eso se rehuye el aprendizaje puramente memorístico. Siempre que es posible se busca que sea el alumno el que se haga preguntas y busque las respuestas, que experimente —para lo que es necesario que el error no sea penalizado, algo que paraliza—.

Se valora, también, que el aprendizaje vaya de lo concreto a lo abstracto. Los materiales Montessori, por ejemplo, permiten «ver» las fórmulas matemáticas antes de acercarse a ellas teóricamente. El libro de texto, si se utiliza, nunca es el único recurso. Entre otras cosas, porque se trata de evitar la parcelación que suponen las asignaturas y se prefiere un enfoque transversal. Si se incorporan las nuevas tecnologías, suele ser con moderación, sin caer en el endiosamiento. Las lenguas extranjeras se aprenden como se aprende la propia: hablando, jugando o con canciones, no estudiando listas de verbos irregulares.

En general, se evita también la disposición de la clase en hileras de pupitres. Sobre todo cuando se trata de niños pequeños, se procura que tengan libertad de movimientos. Los pupitres frente a la tarima del profesor, además de ser la perfecta imagen de una educación vertical, no son prácticos para realizar trabajos en equipo.

Estas pedagogías también coinciden en fomentar la cooperación por encima de la competencia. No suelen etiquetar o hacer comparaciones entre los niños, y mucho menos segregar. Cada una de ellas aporta diferentes soluciones para conseguir que alumnos que van a diferentes ritmos puedan aprender juntos.

No se entiende como un problema el que niños de distintos niveles compartan el aula, sino que por el contrario, esta diversidad es valorada. Forma parte de la educación aprender a convivir en entornos tan variados como lo es la sociedad. Es corriente mezclar alumnos de diferentes edades e intereses, como una forma más de fomentar la colaboración. A los pequeños les gusta aprender de los mayores: su manera de expresarse les resulta muy cercana y quieren aprender de ellos porque «hacerse grandes» es una de sus motivaciones. Por su parte los mayores descubren que cuando se tiene que explicar algo es cuando verdaderamente acaba de aprenderse; el proceso les sirve para afianzar sus conocimientos. Además, estar en clase con los pequeños les lleva a cuidar más su conducta, porque se sienten su modelo.

Otro punto que suelen compartir es que la disciplina se convierte en autodisciplina: los niños interiorizan las normas porque entienden su sentido, en lugar de encontrárselas impuestas autoritariamente. De manera similar, se fomenta que el conocimiento sea perseguido por amor al conocimiento mismo, y no por buscar el reconocimiento del adulto o por miedo al suspenso o al castigo. Por lo mismo, en la medida de lo posible se evitan los exámenes, que se sustituyen por una verdadera evaluación continua basada en una observación atenta de cada alumno.

Se persigue, además, una educación integral: se educa para la vida y no únicamente para el mundo laboral. Como consecuencia, las enseñanzas artísticas y las humanidades —marginadas tanto por PISA como por la LOMCE, que a través de sus anteojeras económicas son incapaces de encontrarles utilidad— son tan apreciadas como las técnicas. El dibujo, la música o el teatro son valorados como diferentes formas de expresión, que otorgan más lenguajes. La creatividad —algo que los niños traen de serie— no se coarta.

Se valora el pensamiento crítico, que el alumno sea capaz de exponer sus ideas de una manera respetuosa, así como de escuchar al otro. Los centros suelen tener un funcionamiento democrático. Para algunas de estas pedagogías, resulta fundamental que los alumnos participen en asambleas donde se toman las decisiones que les afectan.

El medio natural es contemplado como fuente de conocimiento, de salud, de inspiración... un buen número de proyectos de educación activa se encuentran en plena naturaleza; en otros, se intenta al menos contar con un huerto en el patio, o como mínimo, con unas plantas en clase que puedan cuidar los niños. Se procura también tener contacto con el medio social, realizando frecuentes salidas a museos, bibliotecas, a conocer cómo trabajan los bomberos, cómo se hace la miel... A menudo, además, las puertas están abiertas a profesionales y asociaciones del barrio que quieran hablar de su trabajo o realizar un taller. Habitualmente, las familias también colaboran, constituyendo en muchas ocasiones auténticos puntales de las escuelas. Así mismo, se espera de ellas que la forma en que educan en casa sea coherente con el proyecto educativo.

Finalmente, es otro punto común sentir cierta «nostalgia del futuro», de lo que podría ser una nueva sociedad. La educación es concebida como el medio para construir un mundo mejor. Ahora bien, sobre qué se entiende por «mejor», o qué significado se da a términos como «libertad», pueden existir divergencias. Veremos las características propias de las diferentes pedagogías en los siguientes capítulos.

Capítulo 3:
Pedagogía Montessori

María Montessori fue una de las primeras mujeres en graduarse en medicina en Italia. Hoy en día decimos esto y nos quedamos tan anchos, sin tener una conciencia clara de lo que podía significar para una joven de un siglo atrás ser pionera en un terreno vedado hasta entonces a su sexo. Y, sin embargo, para entender mejor su pedagogía, es interesante detenerse a reflexionar sobre la personalidad que debía tener una joven dispuesta a sacar los pies del tiesto para enfrentarse a toda clase de trabas y prejuicios. Su logro prueba que se trataba de una mujer fuerte, autónoma, con una voluntad decidida, no dispuesta a dejarse arrinconar por un entorno hostil. Era el tipo de actitud que también consideraría beneficiosa para los niños.

A finales del siglo XIX, cuando comenzó sus estudios, estaba en boga el positivismo, una corriente que defendía que el único conocimiento válido era el conocimiento científico, aquel que se basaba en la observación. Montessori estaba impregnada de este pensamiento: por algo puso todo su empeño en estudiar medicina y no es casualidad que su primer libro llevara por título *El método de la pedagogía científica*. Pero si hoy continuamos hablando de ella es porque no se limitó al análisis, sino que a partir de sus observaciones pasó a la acción. Nunca se quedó en el derrotismo del «esto es lo que hay».

Que las teorías pedagógicas deban ser científicas es algo que actualmente podemos considerar una obviedad, pero en su tiempo no lo era en absoluto. La pedagogía tenía aún bastante de filosofía y especulación, mientras que la práctica educativa real se basaba en la tradición. La educación infantil estaba rodeada entonces de todo tipo de ideas preconcebidas. Digamos que no se andaban con muchas sutilezas: se trataba de «domesticar» a los infantes para convertirlos en adultos, con una disciplina rígida que incluía castigos físicos. La función de la escuela era homogeneizar, de forma que no se tenían en cuenta ni los intereses de los alumnos ni la importancia del entorno circundante como fuente de conocimiento.

En este contexto, quienes no entraban en el molde eran poco menos que abandonados a su suerte o estudiados como anomalías muy alejadas del «patrón de perfección» (basado en las características propias del varón occidental y burgués). Las mujeres aún no tenían derecho al voto y los niños eran vistos como personitas imperfectas evolutivamente inferiores, a los que había que enderezar por medio de la educación. A quienes se consideraba perturbados mentales —tuvieran una discapacidad intelectual o fueran sordomudos— se les solía recluir en instituciones para «ineducables».

Este fue el primer destino de Montessori, que decidió observarlos sin prejuicios. Así, descubrió que pasaban todo el día en una aparente apatía, pero que al acabar de comer jugaban con las migajas que habían quedado en la mesa, de lo que dedujo que tenían una necesidad no cubierta de materiales con los que realizar una actividad. A aquellos niños se les había dado por imposibles a la primera de cambio; se les había estudiado, se había comparado sus perímetros craneales... pero se les había privado de estímulos, que era justamente lo que necesitaban para poder desarrollarse.

A partir de esta experiencia, Montessori comprendió la importancia que tienen en la educación del niño los distintos sentidos. Desarrolló sus propios materiales —inspirándose en los de Edouard Séguin—, con los que sus pupilos, contra todo pronóstico, aprendieron a leer y escribir. En poco tiempo, llegaron a presentarse a los exámenes para obtener la titulación básica junto a niños «normales» y obtuvieron resultados semejantes. Hoy en día, los materiales manipulativos son algo tan cotidiano que esperamos encontrarlos en cualquier colegio, incluso en los más tradicionales.

Esta primera victoria le hizo preguntarse por la situación de la enseñanza en las escuelas convencionales. ¿Cómo podía ser que alumnos sin problemas cognitivos no obtuvieran resultados mucho mejores que los de sus alumnos «ineducables»? ¿Cuánto podrían mejorar con su método? Tuvo la ocasión de descubrirlo cuando se le encomendó la dirección de la que sería su primera escuela, la *Casa dei Bambini* en San Lorenzo, un suburbio desfavorecido de Roma. Ahora que tantos maestros se escudan en las ratios altas para no innovar[1], conviene recordar que en la *Casa dei Bambini* Montessori se encontró frente a 50 niños de entre 3 y 6 años provenientes de hogares desfavorecidos.

Al principio, los pequeños que acudían a ella apenas tenían nociones básicas de higiene y modales, por lo que el primer paso fue enseñarles «vida práctica»: cómo comportarse en la mesa, recoger su plato, barrer y dejar el aula recogida... Hoy en día, las escuelas Montessori siguen concediendo gran importancia a que el alumno, desde muy pequeño, sea autónomo y capaz de servirse su comida, recoger los materiales que ha utilizado o ponerse su ropa él mismo. Y ello no solo porque implica el desarrollo de destrezas que le serán útiles más adelante, sino también porque el fin de esta pedagogía es ayudar a alcanzar al niño todo su potencial como ser humano, a crecer como un individuo libre. Y el primer paso hacia la libertad es la autonomía[2].

---

[1] Esto no es una crítica a que se demanden ratios más bajas. Por supuesto, es necesario seguir reclamando más recursos para la educación. La *Casa dei Bambini*, con sus limitaciones, supuso un avance en su momento, mientras que ahora estamos retrocediendo. También contrasta la dignidad de la edificación de aquella escuela con los barracones prefabricados de las nuevas escuelas públicas.

[2] A los padres, al principio, puede sorprenderles saber que sus hijos se dedican en el aula a tareas como sacar brillo a la plata o limpiar los cristales, pero todo tiene su razón de ser. Al igual que *Karate Kid* iniciaba su entrenamiento con «dar cera, pulir cera», antes de comenzar con movimientos más complicados, los ejercicios de vida práctica desarrollan la concentración y la psicomotricidad fina. Fregar los platos, aparte de su utilidad evidente, constituye una preparación para la escritura.

Esta es una de las particularidades que más llama la atención a primera vista en estas escuelas: ver a niños de apenas tres años que llegan al aula y, sin ayuda de ningún adulto, se quitan el abrigo y lo cuelgan en una percha con sumo cuidado. O que son capaces de pelar una naranja, recoger su bandeja y fregar su plato. Montessori consideraba que el juego simbólico era un sustitutivo de las actividades reales. Los niños aprenden por imitación —por eso quieren jugar a cocinitas— y siempre están deseando hacer las cosas por sí mismos, sentirse mayores y capaces... ¿por qué conformarse entonces con una cocina de mentira pudiendo aprender a cocinar y fregar realmente? Lo que debe tenerse en cuenta es que los útiles sean a escala del niño y que las superficies se encuentren a su altura. Por lo demás, en Montessori siempre se utilizan utensilios, menaje y herramientas totalmente funcionales.

No hay vajillas de juguete o de plástico, y esto también tiene un motivo: si un vaso de cristal se cae, se rompe, con lo que se adquiere un aprendizaje vivencial. No hay regañinas ni tampoco nadie se pone nervioso, puesto que se da por hecho que el error es una parte connatural del aprendizaje. Un niño al que se le ha resbalado un vaso tendrá más cuidado la próxima vez, porque ha aprendido la consecuencia. Él mismo es quien lo recoge y vuelve a dejar todo como estaba; simplemente porque eso es lo que se espera de él. No hay castigos, pero tampoco premios. Se rechaza el refuerzo positivo, porque puede acabar consiguiendo que el niño no haga nada a no ser que espere la alabanza del adulto.

Si observamos a los niños, podemos comprobar que están siempre deseando realizar actividades sin ayuda, sentirse mayores y capaces; «¡Yo lo hago!» es una de sus frases estrella. Sin embargo los adultos, muchas veces con la mejor de las intenciones, queremos ayudarles, como una forma de demostrarles nuestro amor, de que se sientan protegidos. O, simplemente, porque crecen tan rápido que puede ser difícil estar continuamente revisando la idea que tenemos de ellos, darnos cuenta de que ya no son bebés, de que muchos peligros están más en nuestras cabezas que en la realidad. Es frecuente también que pretendamos limitar su colaboración a tareas aisladas, cuyo sentido no entienden —y por tanto no les motivan nada— porque pensamos que son las más adecuadas para ellos, porque les llevarán menos tiempo que otras más complicadas o porque siempre andamos con prisa y es más rápido llevarlas a cabo nosotros mismos que explicarles cómo se realizan.

Para Montessori, cualquier ayuda innecesaria supone un obstáculo para el desarrollo. Por eso, el papel del guía —que es como se denomina al educador en estas escuelas— es muy activo en la preparación del ambiente, mientras que no lo es tanto respecto a los niños: el ideal sería que fueran tan autónomos que finalmente no le necesitaran en absoluto. Esto no significa que su trabajo sea fácil, al contrario, pues deberá ser capaz de asumir un papel que no es el habitual en un adulto.

En la práctica, nunca acaba cruzado de brazos: además de explicar el uso de los materiales para que luego el alumno pueda utilizarlos de forma independiente, le propone novedades y desafíos. Eso sí, siempre partiendo del respeto a su libertad. Si ve que el niño no está interesado en ese momento, no le insiste. Los materiales Montessori son autocorrectivos, precisamente para potenciar la autonomía y la autoestima del niño, que puede por sí mismo darse cuenta de sus errores. En el caso de que un adulto vea necesario corregirle, se abstendrá de expresiones como «así no es, es así» y preferirá otras como «¿quieres que te enseñe como lo haría yo?».

Los niños pueden escoger sus actividades, moviéndose por el aula de forma autónoma, agrupar o separar las mesas según les convenga. Por eso asombra el silencio, la tranquilidad y la concentración que reinan en el ambiente, que se derivan de la autodisciplina. La libertad no supone en ningún momento caos o libertinaje

—algo que las pedagogías alternativas deben estar continuamente aclarando—. Hay unos límites, basados en normas claras que responden a una razón: puede ser que algo no pueda hacerse porque es peligroso, o porque molesta a otro. Lo importante es que el adulto evite caer en el «porque lo digo yo».

El trabajo del niño

Una crítica recurrente a las pedagogías alternativas es la de que para aprender hace falta esforzarse, que el conocimiento no puede adquirirse por la vía fácil. Esta opinión encierra el prejuicio de que los niños, por sí mismos, no harían nada que requiera empeño.

En realidad, basta con observar el juego de un niño durante un rato para comprobar como pone cuerpo y alma en la actividad que está realizando. Ya querríamos los adultos ser capaces de centrarnos con semejante afán en cada cosa que hacemos, sea grande o pequeña, en lugar de tener que estar mirando el móvil cada cinco minutos. Nietzsche lo expresa poéticamente: «La madurez del adulto consiste en haberse reencontrado con la seriedad que de niño tenía al jugar». Se trata del mismo niño del que habla Heráclito, que vuelve cada día a construir gozoso castillos de arena en la orilla. Saber que posteriormente serán arrastrados por las olas no le roba el placer de trabajar en ellos con meticulosidad y perfeccionismo. Sobre todo, si está realmente jugando, si no lo hace con prisa para obtener la aprobación de otros.

Para Montessori, esta particularidad de los niños responde a una ley interna que es la que les permite desarrollarse. Según sus palabras, el adulto trabaja para perfeccionar el medio ambiente, mientras que el niño trabaja para perfeccionarse a sí mismo: «el trabajo del niño es crear al hombre que llegará a ser». Cuando el adulto trabaja, pone la atención sobre todo en el fin, por lo que agradecerá la ayuda de los demás, o incluso ser reemplazado. En cambio, el niño, no querría que otro jugara por él, porque la gracia está en jugar, más que en el resultado. La repetición que se da en el juego le permite mejorar sus habilidades motoras y su fuerza, y por medio de ensayos, perfeccionar el propio juego y su autoconfianza. Que se trate de construir figuras de arena o de fregar los platos es lo de menos, todo le parece igual de fascinante. Todo es juego/trabajo. Lo importante es que sea voluntario y en su momento[3], porque si no el interés se pierde.

La mente absorbente

La mente del niño, en la etapa que va de los 0 a los 6 años, lo absorbe todo[4]. En castellano lo expresamos de una manera muy gráfica cuando decimos que los niños «son esponjitas». Es la manera que el pequeño tiene de hacer suyo el entorno, su propia cultura, sin filtros y sin descanso. Absorbe el lenguaje, pero también hábitos, costumbres y valores.

En esta etapa, facilitan el aprendizaje factores como poner al alcance del niño materiales acordes a su momento madurativo, así como proponerle actividades que supongan un reto, que activen su curiosidad. También el contacto con la naturaleza y que el pequeño sienta que se confía en él, que se le permite equivocarse, que no se le etiqueta, que no se le compara con otros. El

[3] Ni muy temprano, ni muy tarde: si lo forzamos antes de tiempo, se frustrará. En cambio, si por ejemplo no le dejamos fregar los platos cuando tiene curiosidad, porque nos parece aún demasiado pequeño para hacerlo bien, será luego complicado conseguir que lo haga cuando nosotros consideremos que ya es mayor; sobre todo si es a partir de los seis años.

[4] Montessori distinguió en total 4 etapas de desarrollo, cada una de las cuales abarca 6 años: la primera viene determinada por la mente absorbente (de los 0 a los 3 años, los aprendizajes se producen de manera inconsciente, de los 3 a los 6, de manera consciente); la segunda (6-12 años) es el momento del desarrollo del razonamiento; en la tercera (12-18 años), caracterizada por grandes cambios físicos y psicológicos, se comienza a crear la personalidad social; en la cuarta (18-24 años) se busca un sentido a la propia vida y se elige la profesión que permitirá la independencia económica.

acercamiento a la realidad se lleva a cabo a través de los cinco sentidos, de ahí la importancia de ofrecerle materiales multisensoriales (como letras que además de ver pueda tocar).

Dentro de la etapa de mente absorbente, Montessori distingue distintos periodos sensibles, momentos en que el niño está especialmente receptivo a una actividad. Así, de los 3 meses a los 5 años, se produce la adquisición del lenguaje; entre los 6 meses y los 2 años aparece el interés por el orden; entre los 3 años y medio y los 4 y medio, se da el periodo sensible a la escritura; el siguiente año, a la lectura; el interés por contar aparece entre los 4 y los 4 años y medio... Montessori, siempre tan metódica, estableció incluso el espacio de tiempo en que resulta más adecuado presentar a los niños la manera de hacer un lazo, rasgar un papel o cortar las verduras.

El ambiente preparado

La educación Montessori se basa en las inclinaciones innatas del niño, poniendo a su disposición materiales que despiertan su curiosidad y con los que puede satisfacer su necesidad de realizar tareas motivadoras. El «ambiente preparado» es un espacio amplio y ordenado, en el que el alumno puede, de manera independiente, trabajar con distintas propuestas que previamente le ha presentado el guía[5]. Los niños tienen libertad de movimientos, y pueden trabajar juntos o separados, en mesitas o en alfombrillas en el suelo, que

[5] En la etapa de infantil las presentaciones son individuales, para que el niño se concentre únicamente en lo que está haciendo la guía. Esto ha provocado que se haya criticado a la pedagogía Montessori por fomentar el individualismo. Sin embargo, sus defensores afirman que para que haya socialización es un requisito previo haber descubierto la propia personalidad. Para ello, el primer paso es que el niño descubra que es alguien separado de la madre, lo que consigue a través del trabajo, al comprobar que de su actividad se deriva un efecto.

pueden colocar donde prefieran —siempre, claro, que se respete el espacio de los otros—.

El ambiente preparado es algo más que un aula con materiales: incluye todos los espacios, pero también las interacciones y experiencias en las que está inmerso el niño. En el ambiente conviven alumnos de edades diferentes. Pasan juntos tres años, durante los que les acompaña un mismo guía, que puede contar así con una visión más global del desarrollo de cada uno. Al cabo de tres años, el niño pasa al siguiente grupo, cambiando su estatus de mayor para volver a ser de nuevo de los pequeños. Esto también se considera parte de la educación: aprender a adecuarse a diferentes situaciones, ser capaz de ser maestro y aprendiz.

El ambiente preparado se divide en diferentes áreas. Aquí nos centraremos en las de la etapa de *Casa de Niños* (de 3 a 6 años). En el área de **vida práctica** se encuentran materiales cotidianos —como jarritas, vasos o esponjas—, en tamaño mini. Tienen diferentes fines, como ayudar a desarrollar la pinza o trabajar el movimiento de la mano. Permiten la adaptación del niño al ambiente, pero también el desarrollo de la concentración y la independencia, además de constituir una preparación para la clasificación y la mente matemática. Todo esto puede conseguirse, por ejemplo, mediante una actividad tan sencilla como separar en grupos distintos frutos secos. Otros ejercicios pueden estar relacionados con la higiene personal (lavarse las manos, sonarse la nariz), con el cuidado del ambiente (limpiar una mesa, preparar un ramo de flores) o con gracia y cortesía (aprender a disculparse, cómo entregar un objeto, etc.).

El **área sensorial** permite ir adquiriendo conceptos que posteriormente se trabajarán de forma abstracta. Los materiales sensoriales llevan décadas tan extendidos que incluso los compran esos padres y madres a quienes escuchar el nombre de Montessori les hace fruncir el ceño. Algunos, eso sí, llegan en versiones desvirtuadas. Por ejemplo, esos cubitos de colores, cada uno más pequeño que el anterior, que se pueden apilar para formar una torre, están basados en la «torre rosa». Como su nombre indica, en su versión original todos los cubos son de este color. La razón es que los materiales sensoriales están pensados para aprender a distinguir una determinada cualidad, sea esta el sonido, la forma, la temperatura, la textura, el peso o el color. En el caso de la torre rosa, el objetivo es trabajar el tamaño en tres dimensiones, por lo que los colores están de más, distraen. O peor, pueden dar pistas: un niño que tuviera dificultades para distinguir los volúmenes podría acabar fijándose en que los colores se van alternando, por lo que no pondrá dos cubos de una misma tonalidad seguidos. El juego, por tanto, no estaría sirviendo a su objetivo. Otra de sus utilidades es ayudar a desarrollar la expresión oral, practicar términos como «más pequeño, más grande», y si hay colores de por medio, «el más pequeño» puede acabar sustituido por «el amarillo». Una característica adicional de la torre rosa radica en que como muchos otros materiales Montessori, es autocorrectiva: si no se sigue el orden adecuado al montarla, la torre acabará cayéndose.

Algunos ejercicios se llevan a cabo con los ojos vendados para mejorar la concentración. Sucede por ejemplo con las «botellas térmicas», seis botellas que la guía prepara de forma que haya un par rellenas de agua fría, otro par de templada y un último par de caliente. Se presentan desordenadas y el objetivo es agruparlas por temperatura. En versiones modernas, las botellas van pintadas de diferentes colores según la temperatura, para que al quitarse la venda el niño pueda comprobar si ha realizado la agrupación correctamente. Los «sólidos geométricos» (cubo, pirámide, cilindro, esfera, etc.) pueden trabajarse tanto con los ojos abiertos como, posteriormente, vendados. Los niños, en un primer momento los manipulan, luego puede que quieran hacer torres con ellos —y así, de una manera intuitiva, ya están descubriendo que la base de una pirámide cuadrangular encuentra su correspondencia en las caras de un cubo—.

Al pasar a primaria, este contacto previo con los materiales manipulativos será muy útil para asimilar los diferentes conceptos matemáticos. Montessori siempre hizo hincapié en que el orden natural es pasar de lo particular a lo general. El cerebro sería un espacio diáfano que la educación ayuda a compartimentar para después poder clasificar las experiencias más complejas. El niño que no haya pasado por el aprendizaje de lo concreto, tendrá más complicado comprender luego conceptos abstractos.

Esta es la razón por la que en el **área matemática** el aprendizaje de los números se apoya también en materiales como las «barras numéricas» —diez barras de madera secuenciadas de forma que cada una mide 10 centímetros más que la anterior; cada 10 centímetros van alternando el color rojo y el azul—. Además de ser útiles para aprender a contar, se emplean para enseñar las operaciones básicas y para introducir el concepto de longitud. También se puede completar su uso combinándolas con los «números de lija», las «barras de perlas», las «tarjetas numéricas»... el material matemático Montessori es muy variado y está pensado para que las operaciones sean realmente comprendidas. El primer contacto, por ejemplo, con la multiplicación, no es el aprendizaje memorístico de las tablas. En lugar de ello, primero se realiza una aproximación más concreta, a través de una tabla perforada de 10 x 10, en la que se colocan las perlitas necesarias para comprobar cuánto es un número multiplicado por otro. Antes de pasar a primaria, los alumnos tienen un conocimiento intuitivo de lo que son las fracciones o el sistema métrico decimal.

En el **área del lenguaje** distintos materiales permiten el aprendizaje de la lectoescritura de forma temprana, en torno a los 4 años —pero siempre sin forzarlo—. Una particularidad de Montessori es que se enseña a escribir antes que a leer. La razón es que se considera más sencillo empezar a aprender a juntar las letras para formar una palabra, que pronunciar los sonidos correspondientes entendiendo lo que se lee, una actividad más abstracta.

De nuevo, se busca la colaboración de varios sentidos para potenciar el aprendizaje. Las «letras de lija» sirven para ver y tocar la forma de la letra, además de para escuchar su sonido, que es pronunciado por la guía cuando las presenta —antes de aprender el nombre de cada letra, se aprende su fonema (por ejemplo, *nnnn* en lugar de *ene*)—. La guía, además, le cita ejemplos de palabras que comienzan por ella.

Antes de que el niño sea muy ducho con los trazos, ya puede ir comenzando a escribir con el «abecedario móvil» de letras troqueladas de madera, con el que también aprenderá visualmente a ir diferenciando las vocales (pintadas de azul) de las consonantes (rojas). El objetivo de las letras de madera es evitar la frustración de querer escribir una palabra pero no contar todavía con la suficiente habilidad motora. Nos encontramos de nuevo frente a un material concebido para trabajar las distintas habilidades de forma aislada y facilitar la concentración en una sola tarea.

El **área de extensiones del lenguaje** (también llamada área cultural) incluye materiales y ejercicios de lo más variado. Se realizan actividades como comprobar qué objetos se sumergen, o qué ocurre al mezclar aceite y agua. Los niños mayores describen lo que han observado en sus cuadernos de campo. En botánica, se observan las partes de una planta o los diferentes tipos de hojas; los alumnos son, además, quienes cuidan de las plantas que hay en el aula. En geografía, se trabaja con el globo terráqueo, con mapas-puzzle para conocer los países (que se complementan con banderas y rótulos con las capitales); se ve lo que es una isla, una bahía, un golfo. En zoología, se lleva a cabo una introducción a los diferentes grupos de animales (anfibios, mamíferos, aves, reptiles, insectos), o las partes del cuerpo de los mamíferos. En música, se utilizan campanas con las diferentes notas para aprender a diferenciarlas y tocar canciones. Las actividades artísticas incluyen ejercicios como pintar, recortar, pegar, trabajar con barro… se inicia al niño en diferentes técnicas para que a partir de aquí pueda crear libremente. No hay modelos que seguir ni juicios sobre los resultados.

Una educación para la paz

La vida de María Montessori transcurrió en la convulsa Europa de finales del siglo XIX y la primera mitad del XX. Fue testigo de la I Guerra Mundial y, posteriormente, del surgimiento de los fascismos. Si en un primer momento pudo parecer que había química entre ella y Mussolini —quien se sentía muy interesado por el éxito de sus métodos— pronto se comprobó que en realidad su visión de la infancia y sus objetivos tenían poco en común. Montessori se vio obligada entonces a exiliarse y recala en Barcelona, donde contaba con muchos seguidores y ya existían varias escuelas que aplicaban su pedagogía. Sin embargo, el inicio de la guerra en 1936 le hace volver a exiliarse. A partir de aquí, viaja por distintos países impartiendo conferencias y cursos. El comienzo de la II Guerra Mundial la encuentra en la India, a donde había sido invitada por la Sociedad Teosófica. Al ser ciudadana italiana tuvo problemas con los ingleses, que limitaron sus movimientos. Su hijo fue internado en un campo de concentración.

Una vida tan azarosa, unida a sus valores humanistas y cristianos, hicieron que cobrara cada vez mayor fuerza en ella la idea de que la educación debía ser la herramienta que evitara futuros conflictos. La escuela debía enseñar a cooperar y no a competir, a respetar al otro, a actuar apoyándose en la autodisciplina, la responsabilidad y la coherencia interna, y no por miedo al castigo. Como tampoco por ansiar el premio o la palmadita en la espalda, que pueden acabar con la motivación intrínseca, y con que se rehúya cualquier esfuerzo si no hay recompensa. Los niños buscan nuestra aprobación, por lo que hay que tener cuidado con no hacerles adictos al «muy bien», que acaba limitándoles a seguir los caminos trillados para conseguir el halago, coartando su creatividad. En último extremo, el conductismo acabaría con la conexión con uno mismo, pues los deseos de los otros sustituyen a los propios. Los niños educados así pueden acabar convertidos en adultos incapaces de tomar sus propias decisiones; al depender de terceros para sentirse valorados, pueden caer en relaciones tóxicas, o ser presa fácil de los totalitarismos, de las soluciones y gratificaciones prometidas por líderes a cambio de una obediencia sumisa. De la gamificación, hoy tan de moda, probablemente Montessori no habría pensado tampoco nada bueno.

Fue precisamente durante su estancia en la India, donde pudo intercambiar ideas con Krisnamurti y Gandhi, cuando Montessori desarrolló su currículum para primaria. Un currículum que en lugar de aislar las diferentes áreas, ofrece una visión global e integradora. Es la idea que subyace a la «educación cósmica»: mostrar al niño que forma parte de una historia colectiva y que mediante sus actos puede contribuir a ella. Todos, consciente o inconscientemente, respondemos al gran propósito de la vida. La educación supone un camino hacia el conocimiento propio, hacia la comprensión de quiénes somos y de cómo nos encontramos inextricablemente interrelacionados con la naturaleza. Una invitación a que sin distinción de raza, sexo o religión, la humanidad camine unida hacia una sociedad más justa.

Así, en la etapa de primaria —denominada «taller»—, el currículum presenta ante el niño lo que en ese momento ansía: una comprensión del universo y del mundo de la cultura:

Los niños pequeños no se pueden mantener quietos porque necesitan coordinar sus movimientos. Del mismo modo, quizá los más grandes parezcan un poco problemáticos cuando indagan acerca del qué, el cómo y el porqué de todo lo que ven, pero lo hacen porque están construyendo su intelecto mediante la actividad mental, y es imperativo alimentar ese intelecto en amplios campos de la cultura. Enseñar se convierte en una tarea fácil, puesto que no es necesario elegir qué es lo que hay que darle al niño, basta con ponerle todo al alcance de las manos para que satisfaga su apetito mental. El niño requiere absoluta libertad de elección, y luego bastará con que repita las experiencias varias veces, y cada vez pondrá un interés más marcado y una mayor concentración para adquirir el conocimiento deseado (...).
Es necesario centralizar los intereses del niño, pero los métodos comunes no logran cumplir ese objetivo. ¿Cómo es posible mantener interesada la mente de un individuo en crecimiento, si todo lo que le enseñamos gira en torno de un mismo y limitado tema particular y solo se podrán transmitir los detalles ínfimos que es capaz de memorizar? ¿Cómo vamos a forzar al niño a que se interese por algo, si el único interés auténtico es el que surge de su interior? Lo que se impone desde fuera no es otra cosa que obligación y esfuerzo fatigoso, ¡nunca el verdadero interés! Esto debe quedar bien claro.
Si la idea del universo se presenta ante el niño en la forma adecuada, se logrará algo más que despertar su interés, pues ella le causará admiración y asombro, sentimientos más elevados y gratificantes que cualquier otro tipo de interés. La mente del niño ya no se perderá sin rumbo, se fijará en un determinado foco. Así, los conocimientos que adquiere se vuelven organizados y sistemáticos. La inteligencia se manifiesta como una totalidad gracias a la visión completa que se le ha presentado, y el niño se interesa por todo, pues cada cosa está interconectada con las demás[6].

[6] Montessori, M. (2015). *La educación de las potencialidades humanas*. Amsterdam: Pierson-Publishing Company. (Tomado del artículo de Juan José Morales Ruiz. *María Montessori y la educación cósmica*. http://asociacionmontessori.net/pdf/MMontessori_LaEducacionCosmica.pdf)

Si en la etapa de infantil las presentaciones eran sobre todo visuales y se llevaban a cabo de manera individual, ahora el guía las realiza frente a grupos de aproximadamente cinco alumnos —un número que permite las interacciones pero que a la vez es suficientemente pequeño como para que nadie se distraiga—. Mientras tanto, el resto trabaja de forma independiente, también en pequeños grupos, aprendiendo a trabajar en equipo. Esta colaboración funciona además como «control de error»: diez ojos ven más que dos.

Las presentaciones siguen contando con apoyos visuales, como láminas, pero ahora es también importante el discurso. Si en infantil se iba de lo particular a lo general, ahora cinco «Grandes Lecciones» presentan un panorama general acerca del desarrollo del universo, de la vida, de la historia humana, del lenguaje y de los números.

En la primera gran lección se explica, como si se tratara de una fábula, cómo surgieron el universo y la Tierra. El guía puede utilizar distintos recursos como un globo terráqueo, un volcán (creado con bicarbonato y vinagre), o sólidos y líquidos que representan continentes y océanos. El fin de estos apoyos es estimular la imaginación del niño, conseguir que se asombre con la maravilla de la creación y de los logros humanos. Sacudir sus neuronas, para luego dejarlas libres. No darle todo hecho, porque entonces se aburriría. El guía debe saber cómo inspirar[7].

«La gran historia del desarrollo de la vida» emplea como principal recurso «la línea de la vida», una lámina donde se pueden ver las diferentes eras y períodos geológicos, y cómo van apareciendo unas formas de vida mientras que otras van desapareciendo. El guía puede

[7] La teoría de las inteligencias múltiples, surgida después de Montessori, también defiende la idea de que las presentaciones sean multisensoriales.

complementar la explicación colocando los seres vivos por orden de aparición (se pueden usar fósiles, semillas y hojas, imágenes de protozoos, figuritas de dinosaurios, de reptiles...). También busca dar una idea de la antigüedad de la vida del planeta «la larga línea negra»: una tela de 30 metros de largo en la que, en un extremo, medio centímetro rojo representa el tiempo que los humanos llevamos en la Tierra. Supone toda una lección de humildad. ¿Qué derecho tenemos a hacer un mal uso de los recursos naturales si no llevamos aquí más que un suspiro?

Las grandes historias suponen un marco general en el que los alumnos podrán ir luego situando los conocimientos más específicos. Son presentadas al principio de primaria, y luego una vez al año. Cada vez que el niño escucha de nuevo una historia, además de servirle de recuerdo, puede ver en ella más detalles que las primeras veces le pasaron desapercibidos. Se da cuenta de cómo su conocimiento va evolucionando y de cómo este conocimiento se convierte en la llave para otros nuevos.

Algunos materiales de infantil continúan utilizándose en el ambiente de primaria, pero la mayoría son específicos de esta etapa. Los alumnos siguen teniendo libertad para, una vez que la guía los ha presentado, utilizarlos cuantas veces quieran. Se fomenta, además, el desarrollo de la visión científica. A partir de preguntas e hipótesis, se realizan experimentos destinados a buscar las respuestas. Por ejemplo, se puede comprobar qué le ocurre a una planta cuando es privada de luz o de calor. Después, los alumnos, describen paso a paso en qué ha consistido el experimento y a qué conclusiones se ha llegado.

Es el tiempo, también, de «los grandes proyectos», que surgen a partir de las inquietudes de los alumnos. Unas niñas, por ejemplo, pueden preguntarse por qué se habla de «la pirámide de la alimentación» si siempre se dibuja como un triángulo. Si la guía se limitara a darles una respuesta, o a contestarles que lo busquen en internet, todo quedaría aquí. Pero en lugar de eso, puede hacerles una pregunta tipo: «¿Y por qué no hacéis vosotras una pirámide de alimentación de verdad?». A partir de este reto, el grupo puede crear con cartón una pirámide y después investigar qué porcentaje de alimentos de cada grupo corresponde a la dieta mediterránea, calcular el área de la pirámide que corresponde a cada grupo para pintarla de diferente color... Otro grupo puede estar interesado en hacer una encuesta en diferentes tiendas para conocer los hábitos de los clientes. Para ello, además de preparar las preguntas, deben averiguar por sí mismos qué autobús les llevará hasta el centro. Un adulto va siempre con ellos, pero se limita a acompañarles. Si cogen el autobús en sentido contrario, no les dice nada. Que en estas escuelas el error es visto como fuente de aprendizaje, no es una frase hecha: son los mismos alumnos, quienes cuando se dan cuenta de que se han confundido, buscan una solución[8]. Los niños también disfrutan haciendo líneas de tiempo, que les sirven para relacionar temas que les interesan con acontecimientos de la época.

Depende de cada centro el uso que se haga de las nuevas tecnologías. En primaria suelen estar presentes, pero no se trata de un elemento central. Se utiliza internet para buscar información, pero se fomenta que además se haga una lectura crítica y razonada de los datos. Un guía puede proponer, por ejemplo, averiguar en cuál de los dos polos hace más frío. Si el alumno se limita a hacer una búsqueda rápida en Google y responder que es en el Sur, al poco tiempo lo habrá olvidado. En cambio, si debe razonar su respuesta, por el camino descubrirá además que el agua absorbe más la radiación solar que la tierra, y por eso el Polo Norte, que es fundamentalmente

[8] Estos ejemplos son proyectos reales llevados a cabo en el CEE Montessori-Palau por alumnos de primaria.

hielo, es algo menos frío que el Sur. Hoy en día la neurociencia ha corroborado que reflexionar sobre lo que se aprende es la mejor forma de que se quede en la memoria.

La idea que Montessori tenía para la etapa de secundaria era que los alumnos vivieran en una granja gestionada por ellos mismos. Los adolescentes aprenderían así a vivir de forma independiente y a trabajar de forma colaborativa. En España, sin embargo, no existe ningún proyecto educativo de estas características. En nuestro país, la mayoría de centros Montessori cuya oferta llega más allá de primaria funcionan fomentando el trabajo en grupo y por proyectos; en bachillerato, las clases siguen un método más tradicional, con el fin de preparar a los alumnos para las pruebas de acceso a la universidad.

¿Una moda?

En estos días en que tan de moda está Montessori, cuando resulta habitual que los famosos elijan estos colegios para sus hijos y proliferan los blogs sobre cómo aplicar el método en casa, conviene recordar que su propuesta iba mucho más allá de utilizar unos materiales. Montessori es una filosofía que aboga por una nueva mirada hacia la infancia, concediéndole un tiempo, un espacio, un respeto. Usar letras de lija para enseñar el alfabeto a los niños supone un cambio de mero maquillaje si luego se les regaña si no las usan correctamente, o si se abusa del «muy bien» para reforzar los trazos correctos.

El *boom* de esta pedagogía ha tenido un precio, y es que muchos centros se presentan como Montessori simplemente para atraer a más familias, sin acabar de entender lo que hay detrás. También es posible encontrar escuelas libres que adquieren los materiales llevadas por un excesivo entusiasmo acerca del concepto montessoriano del «maestro interior», esperando que los niños descubran cómo utilizarlos por sí mismos, sin ayuda. Al final los niños acaban jugando a hacer barcos con las cajas de embalarlos, mientras los materiales languidecen en un estante sin que nadie les preste atención. De aquí muchos adultos concluyen que en realidad no son ni tan útiles ni tan atractivos como pensaban, a la vez que acaban renegando un tanto de la pedagoga italiana después de una inversión tan poco productiva.

La realidad es que Montessori siempre dejó claro que los materiales debían ser presentados, y además de una manera muy concreta. De aquí se deriva otra crítica recurrente al método, la de la excesiva rigidez. Los niños cuelgan por sí mismos su chaqueta en la percha, siempre de igual manera. Las letras de lija deben trazarse de izquierda a derecha y de arriba abajo. Al hacer un lazo, si el proceso no se ejecuta exactamente de la manera en que lo muestra la guía, el resultado no será el correcto —el control de error, en este caso, se basa en que cada cordón es de un color, por lo que es fácil ver si se han seguido los mismos pasos—. Esta aparente inflexibilidad tiene sin embargo un sentido. El niño pequeño aprende por imitación, no es capaz de abstraer. Si le enseñamos a doblar un jersey comenzando un día por la derecha y otro por la izquierda, se acaba haciendo un lío. Necesita unos movimientos muy concretos que memorizar para después repetir, ya que esto es algo que de lo que sí es perfectamente capaz.

Es cierto también que Montessori comenzó trabajando con niños faltos de estímulos, lo que sin duda influyó en que desarrollara unos métodos encaminados a suplir sus carencias. Los materiales están pensados para concentrarse en una sola propiedad, para aprender a diferenciar largo de corto, o pesado de ligero, o para afinar sentidos como el olfato, emparejando los botecitos que comparten un olor. Los niños de hoy en día, por el contrario, viven rodeados de estímulos: en sus casas ya pueden escuchar instrumentos, manipular los más variados objetos, oler todo tipo de especias y esencias... por esta razón, muchos críticos consideran que esta manera de trabajar ya no tiene sentido. Sin embargo, precisamente por esta hiperestimulación, Montessori es actualmente tan reivindicable: la escuela se convierte en un remanso donde es posible, lejos del mundanal ruido, descubrir sin prisas la forma de las letras, la diferente textura de las telas o cómo abrochar una hebilla. Verter arroz de una jarrita a otra permite desarrollar la concentración y la motricidad fina pero, además, el sonido de los granos cayendo sobre la porcelana parece devolvernos a un mundo más auténtico, en el que cada detalle merece atención.

Hay acciones cotidianas que a los adultos no nos suscitan ya el más mínimo interés, pero que para el niño son todo un descubrimiento. Un artilugio consistente en dos cordones para practicar los lazos, puede parecer superfluo en una casa, donde ya hay zapatos. Sin embargo, cuando una guía enseña a un niño la manera de hacer un lazo, buscando el contacto visual, marcando cada paso, sin apenas hablar, el proceso tiene algo de ritual, el tiempo parece detenerse. Una magia difícil de reproducir en medio de la vida cotidiana, donde los niños siempre parece que tardan demasiado en prepararse para salir. En el aula, la guía presenta el material, y luego el niño puede volverlo a usar cuantas veces quiera, sin ninguna presión, hasta que lo tenga controlado.

Montessori, en fin, busca «amueblar la cabeza» de los niños de la manera más eficiente, y sin duda lo consigue. Los pequeños son autónomos, saben vestirse, recoger su plato, sumar, restar, multiplicar y leer antes de llegar a primaria. El precio, según algunos, es cierta falta de espontaneidad. Si en su nacimiento se reprochó a esta pedagogía que dejaba hacer a los alumnos lo que les daba la gana, ahora hay quienes la critican justamente por lo contrario, por ser demasiado metódica. Los alumnos hacen lo que quieren dentro de un orden. Este orden es muy diferente al de un colegio típico de principios del siglo xx, pero comparado al de una escuela libre, puede resultar directivo. Los niños pueden elegir qué actividades realizar, pero siempre entre las que ya les ha presentado la guía dentro del ambiente preparado. En general, no pueden proponerse actividades diferentes o llevar de casa unos legos o una peluca. La fantasía no tiene espacio en las aulas de infantil porque los niños pequeños mezclan la realidad y la ficción, y Montessori consideraba que era labor de la educación enseñar a diferenciarlas. Hoy nos puede parecer un intento de poner puertas al campo, pero en tiempos de Montessori se valoraba el pensamiento científico como la forma que había tenido la humanidad de emanciparse de siglos de supersticiones. Por eso, los cuentos que se leen son tipo *Teo*, que explican historias reales. No se encuentran disfraces en el aula, no ya de hadas o de *spidermans*, sino tampoco de bomberos. En primaria sí, puesto que en esta etapa los niños ya saben lo que es real y representan obras de teatro porque pueden entender que son ficción. Hay instrumentos, pinturas y un caballete por si los niños quieren pintar, pero, comparada con otras pedagogías, Montessori no fomenta especialmente el desarrollo de las habilidades artísticas.

No hay espacio, tampoco, para el juego simbólico. No hay muñecos, ni cochecitos. Tampoco construcciones. No formaban parte originalmente de la pedagogía y no se han incorporado. Tal vez porque si hubiera unos *playmobil*, los alumnos no harían ni caso a las hebillas ni a los sólidos geométricos. Probablemente el método, para funcionar, necesita un espacio donde los niños puedan sentirse fascinados por lo sencillo, por una esfera, por un cono o un cilindro, para descubrirlos luego en los objetos del aula o en la naturaleza.

Para los defensores del método, esta es la labor de la etapa de infantil, ayudar a entender de una forma sensorial las categorías que luego se encontrarán en primaria de una forma más abstracta. Por contra, los críticos juzgan que una educación donde no hay espacio para el juego y la imaginación se queda coja. Que puede que los alumnos tengan la cabeza muy bien amueblada, pero no se les deja tiempo para esponjarla. Es cierto que el error no se penaliza, que los alumnos aprenden como si fuera un juego... pero tampoco es que se trate de juego libre, aquel que los niños llevan a cabo de forma espontánea, sin necesidad de materiales estructurados, estableciendo sus propias reglas.

Montessori no tuvo en cuenta estas consideraciones porque en su tiempo no existía la neurociencia. Faltaba casi un siglo para que se descubriera el valor que el juego libre tiene para el desarrollo cognitivo —concretamente, en los cambios que se producen en la infancia en el desarrollo del córtex prefrontal, que desempeña un papel crucial en la regulación de las emociones y la resolución de problemas[9]—. Y en cualquier caso, si una cosa hacían los niños de la *Casa dei Bambini* cuando no estaban en la escuela, era jugar.

Hoy, en cambio, los pequeños apenas tienen tiempo para el juego, pero esto no es algo atribuible a la pedagogía. Para que una escuela pueda denominarse Montessori deben realizarse cada día tres horas seguidas de trabajo en el ambiente preparado. Este tiempo ya da para mucho, porque no hay una hora para matemáticas, luego otra para lengua, etc., sino que el niño al que se le den bien las mates, podrá dedicar a resolver un problema unos minutos y luego pasar a otro más complejo o a otra materia, en lugar de tener que esperar aburrido a que sus compañeros acaben. Igualmente, podrá destinar el tiempo que haga falta a un ejercicio que le resulte más complejo, hasta acabar de entenderlo. Por eso el método es tan eficaz y tres horas de Montessori pueden equivaler a una jornada más larga de educación convencional.

---

[9] Hamilton, J. (2014, 14 de julio). «Scientists Say Child's Play Helps Build A Better Brain». *npr*. (http://www.npr.org/sections/ed/2014/08/06/336361277/scientists-say-childs-play-helps-build-a-better-brain)

Las horas restantes se emplean de diferentes maneras: puede haber otro periodo de trabajo en el ambiente por la tarde, clases con especialistas (idiomas, música, etc.) y tiempo para el juego libre. Depende de la escuela. En algunas, se entiende que el juego libre forma parte de un desarrollo sano, mientras que en otras, en las que se persigue sobre todo obtener buenos resultados[10], no se le concede importancia, es visto como un mero descanso entre las actividades importantes. Si a esto le sumamos que los horarios de estas escuelas suelen ser prolongados y que después de clase muchos niños realizan actividades extraescolares, el tiempo que queda para el juego es mínimo.

Todo esto, sin embargo, es achacable a los tiempos tan competitivos que vivimos, no a un enfoque que, paradójicamente, apuesta claramente por la cooperación. No sabemos que hubiera pensado la *doctoressa* de que sus escuelas, que comenzaron a funcionar en barrios marginales, hoy no sean accesibles a todos. En cualquier caso, lo que nadie puede poner en duda es que la educación actual no sería la misma sin el tesón y la amplitud de miras de Montessori, que desarrolló una pedagogía profundamente emancipadora. Responder a un niño «¿Y tú qué puedes hacer?» cada vez que se encuentra frente a una dificultad o a un conflicto, supone una vacuna frente a cualquier forma de victimismo. Cuando el adulto pasa de sobreprotegerlo a hacerle ver una vez tras otra que es él mismo quien tiene la llave para solucionar sus problemas, el niño se empodera. Deja de sentirse indefenso, sin opinión ni recursos, para darse cuenta de que «es capaz». Por supuesto, sabe que si necesita ayuda la obtendrá, y es también esta confianza en el

[10] En España, muchos colegios Montessori son centros privados de élite que atraen a familias que buscan resultados, independientemente de la metodología. En países dónde la pedagogía tiene más tradición, es más fácil encontrar mayor variedad de escuelas, incluso públicas.

otro la que le impulsa a lanzarse. Cuando sea adulto, será consciente de que si las soluciones prefabricadas que se le ofrecen no le convencen, siempre podrá buscar sus propias respuestas.

Capítulo 4:
Pedagogía Waldorf

No hemos de preguntarnos qué necesita saber y conocer el hombre para mantener el orden social establecido, sino ¿qué potencial hay en el individuo y qué puede desarrollarse en él? Solo así será posible aportar al orden social existente nuevas fuerzas procedentes de las jóvenes generaciones.

RUDOLF STEINER

Acceder por vez primera a una escuela Waldorf resulta una experiencia cautivadora: cada elemento parece concebido para crear un ambiente de serenidad y armonía. Desde el tenue color pastel con que suelen estar pintadas las paredes, hasta las telas o los materiales naturales, en perfecto orden, al alcance de los niños. No encontraréis en sus aulas plastilina, rotuladores del «todo a cien», o juguetes de plástico o de colores estridentes, sino cera de abejas para modelar, acuarelas ecológicas y juguetes de lana o madera. El desarrollo de la sensibilidad artística es una de las piedras angulares de este tipo de educación, y se considera que elegir los materiales de la mejor calidad dignifica la tarea del niño —además de que los resultados que se obtienen son mucho más motivadores—. Cada detalle responde a un motivo. Los muñecos de lana para los más pequeños carecen de ojos, ya que se considera que una expresión facial predeterminada limita la imaginación.

Diferentes rituales están destinados a ir haciendo consciente al niño de los ritmos vitales. En una mesita se incorporan elementos como hojas secas o flores, que van marcando las estaciones. Cada transición es celebrada, incorporando tradiciones locales. En infantil, cada día de la semana cuenta con una ocupación principal (por ejemplo, hay un día en que los niños hacen su propio pan). Durante la jornada, se suceden actividades de concentración —pintar, cuentos— con las de expansión —juego libre, paseos por la naturaleza...—. El fin es que el niño, que vive en un continuo, vaya interiorizando que hay un tiempo para cada cosa. En la alternancia de movimiento y reposo, observación y acción, trabajo mental y físico se encuentra el equilibrio. Como ocurre con la respiración, difícilmente podremos inhalar sin haber exhalado antes. La educación debe ayudar al niño a hacer suyos estos ritmos.

Rudolf Steiner, el creador de la pedagogía, era un gran admirador de Goethe. Al igual que su maestro, no quiso encasillarse limitándose a lo que hoy llamaríamos ser «de letras» o «de ciencias», sino que se interesó por los más variados asuntos. Buscó una comprensión global del hombre, a la que dio el nombre de «Antroposofía». Su obra incluye tratados sobre música y movimiento («euritmia»), la organización comunitaria («triarticulación social»), la agricultura («biodinámica») y la salud («medicina antroposófica»). Su visión, en muchos aspectos, era contraria a las teorías científicas de su época. Si como hemos visto, la corriente predominante a principios del siglo XX era el positivismo, Steiner se posicionó en contra: pensaba que la ciencia no podía explicarlo todo y que limitarse al método empírico no dejaba de ser una forma chata de aproximarse al universo. En su lugar, desarrolló sus teorías basándose en la observación, pero también en intuiciones y en revelaciones místicas. Este es uno de los aspectos más controvertidos de su pedagogía, ya que ideas como la de que hasta los 6 o 7 años no se deben realizar tareas intelectuales, parten de la creencia de que podrían afectar al proceso de encarnación del espíritu en el cuerpo[1].

---

[1] Para Steiner, el cuerpo etérico es lo que diferencia a los seres vivos de los minerales. A los humanos, en la infancia, les ayudaría en su crecimiento. Sin embargo, una vez liberado de su envoltura de protección —la manifestación externa sería la perdida de los dientes de leche—, se convertiría en el vehículo del carácter, los hábitos y la memoria. Al enseñar

La primera escuela

Al finalizar la I Guerra Mundial, Alemania había quedado arruinada y humillada por los vencedores. La situación tampoco era idílica en el resto de Europa, que tras haber sufrido el conflicto armado más devastador de su historia se encontraba en estado de *shock*. A todo esto se añadía que el precio del desarrollo tecnológico y la revolución industrial había sido una creciente deshumanización y crisis de valores.

En este contexto, Steiner advirtió del inminente colapso de las formas tradicionales de organización comunitaria, que debían ser repensadas a la luz de los nuevos tiempos. Su teoría de la «triarticulación social» buscaba superar las tensiones inherentes a las estructuras sociales contemporáneas, fijando límites claros entre la cultura, la política y la economía. Cada uno de estos ámbitos tendría su propia lógica: al ámbito cultural/espiritual sería abanderado por la libertad (sin dejarse influir por intereses económicos o por el Estado), la esfera político/jurídica debería basarse en la igualdad (mismos derechos y deberes para todos), mientras que la economía tendría como fundamento la fraternidad. Era prioritario humanizar el mundo económico y financiero, frente a modelos opuestos (capitalismo, basado en la libertad y comunismo, defensor de la igualdad) que amenazaban la libertad tanto individual como espiritual y coincidían en su materialismo. Tanto la economía competitiva como la dirigida por el Estado debían dejar paso a la economía colaborativa —en la actualidad, empresas como Weleda o la Banca Triodos se nutren de estos presupuestos—.

---

a los niños a leer o a sumar antes de este momento, se les estaría causando un daño que se podría manifestar en futuras enfermedades. Ver más en Uhrmacher, B. (1995, Winter). «Uncommon Schooling: A Historical Look at Rudolf Steiner, Anthroposophy, and Waldorf Education. *Curriculum Inquiry*», *Vol. 25, No.* 44. y en Steiner, R. (1995). *Waldorf Education and Anthroposophy*. New York: Anthroposophic Press.

La teoría de Steiner despertó gran interés en la sociedad alemana, hasta el punto de que Emil Molt, director de la fábrica de cigarrillos Waldorf Astoria en Stuttgart, le propuso crear una escuela para los hijos de sus obreros basada en estas ideas. Steiner, que ya había trabajado como preceptor, aceptó. La escuela inició su andadura con fuerza y al poco tiempo el movimiento de las escuelas Waldorf se extendió por Alemania.

Los septenios

La función de la escuela, según Steiner, sería educar para la vida en esta sociedad triarticulada basada en los conceptos de libertad, igualdad y fraternidad. Para ello, desarrolló una pedagogía que debía basarse en el respeto por la individualidad del niño y el conocimiento de su desarrollo, que dividió en tres etapas evolutivas:

Primer septenio (0-7 años)

En esta primera etapa, predominan el movimiento y la fantasía, mientras que no se considera adecuado estimular el desarrollo intelectual. Así, la lectoescritura no se introduce hasta los 7 años. A muchos les puede parecer tarde, pero el resultado es que los niños aprenden a leer con soltura en poco tiempo, en lugar de haberse pasado todo el parvulario intentado juntar la *m* con la *a*, y sudando para leer del tirón «mi mamá me mima». El haber trabajado la psicomotricidad fina durante este septenio —mediante el dibujo y el modelado— también ayuda a que el niño esté preparado para aprender a escribir con mayor facilidad en el siguiente.

En esta etapa la pedagogía Waldorf es poco directiva. Se concede gran importancia al juego libre, con materiales no estructurados, como forma de estimular la creatividad y la imaginación. El juego contribuye al desarrollo físico y psíquico; en las escuelas en las que los alumnos de infantil tienen que pasar horas sentados en pupitres, se les está privando de las experiencias que necesitan a esta edad. Por eso, las escuelas Waldorf valoran que los niños pasen tiempo en el exterior, desarrollando a la vez un sentimiento de devoción por la naturaleza. Otras actividades que se realizan son dibujar, modelar, cantar, tejer, hacer pan, disfrazarse o escuchar cuentos.

En este septenio se aprende a través del juego, pero también por imitación, por lo que el maestro debe ser una persona íntegra y coherente, un ejemplo inspirador que enseñe a relacionarse con los otros desde el respeto. Las aulas intentan reproducir el ambiente de un hogar, puesto que allí era donde se llevaban a cabo los primeros aprendizajes antes de la revolución industrial. Sin duda, aquí influyó el hecho de que la primera escuela Waldorf fuera creada para los hijos de los trabajadores de una fábrica, que ya no podían crecer en el seno de una familia extensa en una vivienda tradicional. Steiner trata de recrear en las aulas ese ambiente que para él es el idóneo en los primeros años: una vela siempre encendida recuerda el calor del hogar y al igual que ocurre en una casa, pequeños de distintas edades comparten el espacio.

Se considera que en esta etapa no es adecuado poner al niño frente a decisiones difíciles o a la complejidad del mundo: es importante que crezca en un ambiente de seguridad, que no mine su confianza en la vida. La escuela infantil debe proporcionar un contexto afectuoso y estructurado, igual que una plantita se protege al principio de vientos demasiado fuertes para que crezca sana hasta que coja suficiente fuerza.

Segundo septenio (7-14 años)

Etapa dominada por el sentimiento. El niño desarrolla la admiración por el maestro y aprende porque desea ser como él. Se trata de una figura de autoridad a la vez que amorosa. El maestro, por su parte, cuida de presentar el conocimiento envuelto de belleza, ya que en este septenio se aprende mucho mejor cuando los contenidos van asociados a una emoción. Un mismo maestro-tutor acompaña al grupo a lo largo de toda la primaria, con el fin de tener una visión global del desarrollo de cada niño.

El aspecto del aula es ahora muy diferente: hay pupitres alineados frente a la pizarra, elemento central de la clase, en donde el profesor pinta dibujos y mapas, transcribe poemas o muestra las relaciones existentes entre los números. No hay libros de texto. Los alumnos, en sus cuadernos de clase, copian lo que el profesor ha explicado y dibujado en la pizarra, presentan sus proyectos, ponen por escrito cuentos contados en clase y resumen e ilustran primorosamente lo que han aprendido.

Steiner defendía que el aprendizaje es más eficiente cuando se realiza por inmersión, es decir, cuando podemos dedicar el mayor tiempo posible a un tema. Pasar cada hora a una asignatura diferente no permite profundizar y además desconcierta al niño. Por eso, en las escuelas Waldorf cada materia se estudia durante tres o más semanas, para luego pasar a otra. Lo que se acaba de aprender volverá a repasarse un tiempo más tarde. Este proceso de olvido/recuerdo se considera fundamental para que el conocimiento se asiente.

Esto no significa que cada día se estudie solo una asignatura —no es fácil mantener la concentración de la mañana a la tarde en las matemáticas— sino que hay una asignatura principal, a la que se dedican las primeras horas del día. Luego se realizan otras actividades, como música, huerto, pintura o idiomas. En todos los septenios es importante seguir estos ritmos de concentración/expansión.

A partir de esta etapa, la pedagogía Waldorf es directiva, contando con un currículum propio, con distintos temas a trabajar por cursos. Se considera que el niño no está aún capacitado para dirigir su propio aprendizaje: necesita la ayuda del adulto para que le exponga los conocimientos valiosos y adecuados para su edad. La educación artística continúa siendo fundamental, pero ahora además se tratan materias como lengua, zoología, botánica, idiomas, historia o matemáticas, a menudo mezcladas con elementos de la fantasía (leyendas y gnomos incluidos).

A esta edad, los conocimientos se continúan presentando a través de los sentidos y el movimiento. Antes de iniciarse en el aprendizaje de la escritura propiamente dicha, se realizan ejercicios como andar sobre una línea con un objeto en la cabeza, con el fin tanto de mejorar la postura corporal, como de que una vez interiorizado el movimiento con todo el cuerpo, sea más fácil para la mano seguir un trazo. También como ejercicio previo se dibujan líneas rectas y curvas, así como figuras simétricas. Para aprender las letras, el maestro asocia cada una de ellas a una imagen (la M es una montaña, la S una serpiente, etc.). La idea subyacente es que el proceso más natural para el individuo es seguir la evolución de la humanidad, de forma que estos dibujos equivaldrían a los jeroglíficos egipcios, que precedieron al alfabeto. Suponen, en definitiva, una transición entre el mundo de las imágenes y el de las abstracciones.

Se potencia el trabajo en equipo para que los alumnos comprendan que en la clase, reflejo de la sociedad, trabajar de forma colaborativa permite conseguir logros que sería muy difícil que alcanzara cada uno por separado. Los trabajos de agrimensura, por ejemplo, permiten poner en práctica los conocimientos de matemáticas, pero sobre todo persiguen hacer patente que cada uno, desde su individualidad, puede participar con sus habilidades para alcanzar un objetivo común. Lo mismo ocurre en los proyectos teatrales, que implican preparar el vestuario, la escenografía, la iluminación y, por supuesto, aprenderse un texto y actuar. Del mismo modo que en la primera infancia con los cuentos, la interpretación permite comprender mejor distintas situaciones de la vida real, así como los propios sentimientos. Superar entre todos los distintos contratiempos y discrepancias para finalmente representar la obra en el festival de la escuela supone una gran satisfacción para todos los participantes.

El uso de las nuevas tecnologías no se considera aún apropiado, puesto que se defiende que el conocimiento se ha de adquirir de la forma más física y activa posible. Se critica así mismo la televisión, que fomenta la pasividad y el sedentarismo, y los juguetes que en lugar de estimular la imaginación consisten en darle a un botón y poco más que ver qué pasa. Seguramente, de aquí derivan muchos problemas de hiperactividad de los adolescentes, que son continuamente estimulados sin tener que mover un músculo.

Tercer septenio (14-21 años)

En esta etapa irrumpe el pensamiento. Los jóvenes ya estarían preparados para el conocimiento abstracto, interesándose por la búsqueda de lo que es real y la verdad. Cobran fuerza en el currículum la física y la química. También la arquitectura, madre de todas las artes aplicadas, que muestra la evolución de la conciencia y ejemplifica cómo nuestras acciones transforman el mundo. Se persigue, además, que los alumnos sean capaces de defender su propio punto de vista, así como que desarrollen el sentido de la responsabilidad social.

Ya no hay un único maestro por grupo, sino que de impartir cada materia se encarga un especialista, del que se espera que sea un auténtico apasionado de lo que explica. Se busca crear una afinidad entre el joven y el adulto, que aquel se vea reflejado en este, de forma que pueda descubrir su vocación.

A menudo, los adolescentes se vuelven apáticos o agresivos, por lo que la educación debe ayudarles a desarrollar el autocontrol y la automotivación. Muchas de las actividades que se desarrollan en este ciclo, como el trabajo de la madera, la horticultura o el trabajo de experimentación, que requieren concentración y esfuerzo, están destinadas a fomentar estas virtudes.

Los jóvenes, además, son idealistas por naturaleza, algo que conviene tener en cuenta para poder llegar a ellos. La mejor forma de motivarles es no limitarse a presentarles hechos inconexos. Así, la historia del arte se estudia relacionándola con el pensamiento y los ideales de cada época. La literatura permite ponerles en contacto con sentimientos arquetípicos[2]. Cuando se trata de ciencias, se explican teorías e inventos, pero también la biografía de quienes los llevaron a cabo, qué dificultades encontraron, cuál fue el impacto de su trabajo en la sociedad... El currículum, por tanto, puede ser muy similar al de otros centros educativos, pero cambia la forma de abordarlo.

En España, los centros Waldorf que llegan hasta bachillerato son contados. En esta última etapa, al encontrarse cerca de las pruebas de acceso a la universidad, el currículum se adapta para poder superarlas con éxito. Se mantiene la forma de explicar las asignaturas, pero se incorporan algunas que no son propias de la pedagogía. A cambio, puede ser necesario reducir las horas dedicadas a las enseñanzas artísticas, que pueden recuperarse en parte añadiendo una hora más de clase cada día.

En todas las etapas es importante que haya una relación estrecha entre la familia y la escuela. Parte de la tarea del maestro es observar al alumno para llegar a conocerle profundamente y así poder acompañarle mejor. En lugar de notas, los padres reciben una evaluación por escrito de lo que su hijo hace, sus intereses, dificultades... algo mucho más rico que el típico boletín. Tampoco hacen falta exámenes para evaluar, cuando la observación

---

[2] Por eso leen, entre otras obras, *Perceval* la historia de uno de los caballeros de la Mesa Redonda. En ella se narra cómo el héroe parte de una situación de inocencia (al igual que el niño), para ir alcanzando sucesivos estadios de madurez. Finalmente descubre quién es verdaderamente, aprende a asumir sus responsabilidades y encuentra su lugar en el mundo (es decir, consigue convertirse en un adulto cabal, que es a lo que debe ayudar la educación).

cuidadosa del alumno es continua. El niño debe disfrutar del aprendizaje. De hecho, el deseo de aprender es innato y son los exámenes los que lo pervierten, al sustituirlo por la necesidad de aprobar. Además, someten a una dinámica en la que para una pregunta solo hay una respuesta correcta, que no ha sido alcanzada por cuenta propia, sino facilitada por el adulto. En este contexto, alcanzar el éxito consiste en repetir lo que ha dicho otro.

Sí se llevan a cabo las llamadas «pruebas de estudio», pero no tienen el mismo valor que los exámenes: no se realizan bajo presión, sino que son una forma más de valorar la evolución del alumno. Hay trabajo para casa, pues se considera que contribuye a desarrollar la voluntad, pero nunca es excesivo, para dejar tiempo libre para otras actividades. El fin de los deberes es crear hábitos y ayudar al desarrollo de la voluntad, que junto al sentimiento y el pensamiento, constituyen los tres vértices que fundamentan la educación. En el centro se encontraría la espiritualidad.

A la hora de trabajar conjuntamente se prefieren los grupos homogéneos, dividiendo a los niños según su carácter. Así, los más tranquilos pueden trabajar más concentrados, mientras que a los más activos se les propone observar a los que van a mejor ritmo, para que por sí mismos caigan en la cuenta de que si no se aplican, retrasarán al resto de la clase. El fin es que adquieran conciencia de que la vida social no funciona si cada uno va por su cuenta[3]. La distribución de los alumnos en el aula va también relacionada con la teoría de los tipos: por ejemplo, a un colérico le irá bien sentarse junto a otro colérico, pues este «duelo de titanes» conseguirá que mutuamente se apacigüen, mientras que en una unión de colérico con melancólico, el primero resultaría demasiado avasallador para el segundo.

---

[3] Künzi I Poffet, J. (2002). *Idees pedagògiques de Rudolf Steiner: Educació i antroposofia*. Solsona: Solsona Comunicacions.

¿Son escuelas libres?

A muchas personas les puede desconcertar que haya colegios Waldorf que se denominen «escuelas libres» (ocurre por ejemplo con la *Escuela Libre Micael*, que inauguró la pedagogía en España). ¿Son entonces educación libre y Waldorf lo mismo? Claramente, no. Lo que ocurre es que cuando iniciaron su andadura, las escuelas Waldorf eran denominadas «libres» por oposición a las escuelas estatales. Si el objetivo principal de estas últimas era convertir a los niños en adultos útiles a la sociedad, en las Waldorf, se hacía hincapié además en que sus alumnos crecieran como individuos libres, ayudándoles a encontrar el sentido de su vida.

Hoy en día continúa siendo así: el propósito de la educación Waldorf es preservar la admiración por el entorno y la imaginación que son connaturales al niño, encauzándolas para que cuando crezca se conviertan en curiosidad intelectual y creatividad. Se considera que cuando a un niño se le intenta mutilar la fantasía, o cuando se le plantean actividades que no le estimulan —porque le llegan demasiado pronto o porque no les encuentra sentido— se acaba cortando la conexión que tiene consigo mismo y con el mundo. Fácilmente acabará cayendo en la apatía, el desinterés o el cinismo. De ahí solo hay un paso a caer en adicciones que le permitan olvidarse por un rato de su frustración, sean el consumismo, la tele o las drogas. Llega un momento en la vida de muchos adultos en que al volver la vista atrás se dan cuenta de todo el tiempo que han perdido corriendo tras logros que no merecían la pena. El primer objetivo de la educación debería ser justamente ayudar a desarrollar el suficiente grado de consciencia como para que esto no ocurra. Sin embargo, la educación convencional contribuye a lo contrario: a no mirar hacia dentro, sino a compararnos con los otros; a no estudiar por amor al conocimiento, sino por el miedo al suspenso; a descubrir que con triquiñuelas, como las chuletas, se pueden conseguir los mismos resultados que mediante el esfuerzo.

Con la educación libre, la Waldorf comparte el valor concedido al juego libre, al trabajo manual y al contacto con la naturaleza. Pero la visión del no directivismo es muy diferente: los Waldorf defienden que los niños necesitan estructuras, una guía clara. No se trata de sobrecargarlos, pero sí de presentarles continuos desafíos que les motiven a seguir aprendiendo. No están aún preparados para tomar sus propias decisiones respecto a asuntos como qué es más adecuado estudiar: ni tienen idea de todos los temas que se pueden explorar, ni sabrían distinguir cuáles son los más adecuados para su edad. Ponerles continuamente frente a elecciones o compartir con ellos nuestras dudas, es juzgado como una forma de privarles del entorno de seguridad que necesitan para poder alcanzar la madurez a un ritmo natural.

Es posible encontrar, sin embargo, proyectos educativos que a primera vista parecen Waldorf pero que se presentan como escuelas libres. La razón es que Waldorf es una marca registrada y para poder utilizarla es necesario pertenecer a la asociación que engloba a todas las escuelas oficiales. Por eso, proyectos pequeños que tienen que controlar mucho sus gastos y/o tienen influencia de la pedagogía pero no la siguen a rajatabla, pueden aparecer bajo otras denominaciones.

Luces y sombras

Vivimos actualmente unos tiempos acelerados, en los que parece que la niñez fuera una enfermedad a pasar cuanto antes. La estimulación temprana ha sido superada por la intrauterina, los niños pasan las tardes haciendo deberes sin tiempo para jugar, las leyes educativas marginan las enseñanzas artísticas por considerarlas una pérdida de tiempo... En un contexto así, la educación

Waldorf supone una bocanada de aire fresco. Frente a la pedagogía tradicional, que parte de unos conocimientos que hay que transmitir al niño para convertirle en un adulto de provecho (sin que importe mucho cómo conseguirlo), la Waldorf ofrece una reflexión sobre cuáles son los intereses del alumno en cada etapa, para explicarle en cada una no solo lo que está preparado para entender, sino además lo que más le puede motivar en ese momento. No es solo una cuestión de respeto a los ritmos, sino también de eficacia: un maestro Waldorf sabe guiar el barco aprovechando las corrientes.

La Waldorf coincide con otras pedagogías activas en la importancia concedida al contacto con la naturaleza, en buscar la implicación de las familias, en no atender únicamente al desarrollo intelectual. También en no ser adultocéntrica, en respetar los ritmos de desarrollo. Aquí sin embargo es preciso aclarar que no es que respete los ritmos «de cada niño», sino que tiene en cuenta las etapas que Steiner consideraba comunes para «todo niño». Volviendo al caso de la lectoescritura, a muchos alumnos les irá bien retrasarla hasta los 7 años, pero otros demuestran interés antes. Y en nuestra época con más frecuencia que en la de Steiner, puesto que ahora salir a dar un simple paseo supone encontrarse con muchas letras. Sin embargo, si piden ayuda para aprender a escribir, no se les prestará hasta que en la escuela consideren que está maduro. Esto es algo muy criticado por los partidarios de la educación no directiva, que se preguntan también cuán creativo puede considerarse que en la clase de dibujo todos los niños copien el mismo modelo.

Otra diferencia radica en que tanto Montessori como la educación libre persiguen que el aprendizaje sea lo más autodirigido y autónomo posible, que se produzca como consecuencia de la propia curiosidad del niño, por el propio placer que implica el conocer. En Waldorf, en cambio, la pieza clave del proceso es el maestro, una figura modélica[4] a la que el niño quiere emular, por lo que se esfuerza en aprender... ¿No supone esto poner demasiado peso en los hombros de un mortal? ¿Tiene sentido que la motivación sea extrínseca al aprendizaje? Desde las escuelas Waldorf contestan que en la vida todos tenemos una figura que nos ha marcado. Un abuelo, un profesor, nuestra tía preferida... nos empaparon de lo que a ellos les apasionaba de una manera humana, de una forma que nunca podrá hacer una *tablet*. Si bien esto es cierto, ¿qué ocurre si esta admiración cae? Cualquiera que haya pasado por el derrumbe de un mito de la infancia y haya visto cómo la decepción contamina incluso lo que de bueno se aprendió de él, puede preferir que el descubrimiento del mundo no vaya tan asociado a una sola persona. En muchas ocasiones será inevitable que ocurra así, lo que no está tan claro es que sea deseable buscarlo deliberadamente.

Algo similar ocurre con la visión mágica de la naturaleza que se fomenta hasta el segundo septenio. Comenta Christopher Clouder respecto al arco iris:

> A menudo es un adulto, quizás un abuelo, quien ha introducido al niño a la magia de la naturaleza y plantado una semilla que ha crecido y florecido a lo largo de toda una vida. Oír en esas ocasiones especiales que el cielo está lleno de luz y lluvia y que las hadas están haciendo pasteles, no dice nada al adulto, pero crea una atmósfera de magia imborrable. Por otra parte, la explicación de que el arco iris está causado por la luz que refractan las gotas de la lluvia, no es muy verosímil para el niño ni muy seductor[5].

---

[4] Recordemos además que se trata de una figura amorosa y autoritaria, que se asemeja a un padre o un sacerdote. No parece muy aventurado pensar que para Steiner el maestro era el sustituto de ambos, en un tiempo en que los progenitores se pasaban todo el día trabajando y la religión comenzaba a vivir horas bajas.

[5] Clouder, (2002) (NOTA: cuando en la referencia de un libro aparece solo el autor y el año, es porque la referencia completa aparece en el apartado *Saber más*)

No hace falta ser un Richard Dawkins para poner en duda este enfoque: los niños ya sienten por sí mismos la admiración por la naturaleza, incluso si en sus fenómenos físicos no hay hadas o gnomos involucrados. Por supuesto que les encanta la fantasía, no hay por qué mutilarla... pero otra cosa es convertirla en un pilar de la educación. Probablemente no tenga sentido explicar lo que es la refracción de la luz a un niño de tres años, ni falta que le hace, ya se maravilla él solo con los colores. Los cuentos acerca de los tesoros que se encuentran al final del arco iris les encantan. Pero a la vez, desde edades bastante tempranas, se les puede ir mostrando la diferencia entre realidad y ficción, y cómo las leyendas tienen valor en sí mismas, aunque no las respalde el método científico[6].

No es este el único punto polémico de este tipo de educación. Si en general las pedagogías alternativas despiertan pasiones encontradas, la Waldorf se lleva la palma. Sus escuelas se cuentan por cientos en todo el mundo, pero en los grupos de escépticos que proliferan por internet, ni siquiera se la considera una pedagogía, por no estar basada en el método científico. Algunos de sus presupuestos, como la división de los seres humanos según su temperamento en melancólicos, coléricos, sanguíneos o flemáticos[7], se basan en teorías que la psicología abandonó hace tiempo.

---

[6] Tal vez tras esta inmersión en la fantasía se encuentre el deseo de que los niños desarrollen su hemisferio derecho: el de el arte, la intuición y la magia. Steiner abominaba de nuestra época hipertecnificada y añoraba, por el contrario, el tiempo en el que los dioses aún habitaban el mundo, antes de que la hegemonía del hemisferio izquierdo —el de la razón, la ciencia y la lógica— los expulsara.

[7] Y no es cualquier presupuesto, sino un punto fundamental de su pedagogía, ya que de aquí deriva la manera en que se aborda la forma de tratar y estimular a cada niño. Por ejemplo, a los niños sanguíneos, el maestro les hablará con calma, mientras que se dirigirá a los melancólicos como si él fuera sanguíneo. Con los flemáticos, mostrará desinterés, para que ellos tengan la oportunidad de verse reflejados, mientras que con los coléricos, se limitará a constatar fríamente cuáles son las acciones del niño. Lo que no hará, en ningún caso, será ir contra la naturaleza del alumno, lo que es contraproducente. Se confía en que los niños, en un entorno en que se sienten respetados, acaban desarrollando una personalidad armónica por iniciativa propia. Una idea similar a la de la «autorregulación» de Wilhelm Reich.

Sin embargo, todo esto debe ser contextualizado. Steiner era hijo de su época, no de la nuestra. A principios del siglo pasado se tenía una fe inquebrantable en el progreso de la humanidad, que vendría de la mano de la ciencia y la técnica —Auschwitz e Hiroshima aún quedaban lejos— lo que no era incompatible con un vivo interés por lo esotérico y la magia. A Steiner le preocupaba, sin embargo, que el omnipresente método empírico, que limitaba lo que puede considerarse verdadero a lo que es posible captar a través de los sentidos, terminara por anular la vertiente espiritual del ser humano. Por esta razón, se propuso fundamentar una religión universal —que incluía elementos del cristianismo, gnosticismo, la creencia en la reencarnación y en el karma— recurriendo al método científico. Si múltiples observadores entrenados tuvieran las mismas percepciones del mundo espiritual, ¿no sería esta la prueba de su realidad?

Hoy, el ideal de Steiner de aunar la ciencia con lo oculto y lo espiritual puede chirriarnos, pero en su tiempo, la línea divisoria no estaba tan clara como ahora. Conan Doyle, creador del racional Sherlock, se dedicaba en sus ratos libres al espiritismo y creía que las hadas podían ser fotografiadas. Montessori, aún habiendo desarrollado una pedagogía científica, tuvo relación con la esotérica Sociedad Teosófica, en la que Steiner había militado en su juventud. Tesla y Marconi tenían tal fijación con la vida extraterrestre que cuando captaron emisiones de radio que no podían explicarse, las atribuyeron rápidamente a los marcianos. Edison, por su parte, no tenía ningún reparo en confesar que uno de los proyectos que tenía en mente era una máquina para hablar con los muertos.

En la actualidad se habla poco de este «lado oculto» de todos estos personajes ilustres: lo que ha quedado de ellos son sus inventos, porque son útiles. ¿Puede afirmarse lo mismo de la pedagogía Waldorf? Para sus defensores, la pedagogía funciona, y es la prueba de que se puede educar sin exámenes. Los alumnos tienen confianza en sí mismos, son conscientes de su responsabilidad social y hacia la naturaleza. Sus resultados académicos son buenos y destacan por sus habilidades artísticas, así como por su conocimiento de los idiomas.

La intuición de Steiner de que la emoción refuerza el aprendizaje ha sido corroborada posteriormente por la neurociencia; la de que hasta los 7 años los niños no están para muchas abstracciones, fue defendida por Piaget. También otras de sus propuestas, como el valor del juego libre en los primeros años, el fomento de la autoconfianza —no hay miedo al error, porque se considera fuente de aprendizaje—, o que los alumnos creen sus propios materiales en lugar de empollarse un libro de texto, son defendidos en la actualidad por quienes buscan una educación más centrada en la persona, por lo que atraen a un número creciente de familias. Sin embargo, bastantes de ellas pueden sentirse desconcertadas al descubrir cuál es la base teórica que hay detrás[8], o al ver que en un lugar central de lo que pensaban que era una escuela aconfesional, se encuentra una imagen de la Virgen y el niño Jesús —si se pregunta por el tema, la respuesta suele ser que, simplemente, se trata de una representación de la familia... pero vaya, se trata de una familia muy concreta, no son los Simpson—. La Biblia se lee también, aunque igualmente se dan a conocer los mitos nórdicos y las religiones orientales, de modo que realmente, estas escuelas son

---

[8] Hay familias que no descubren el trasfondo antroposófico de la pedagogía hasta que sus hijos ya llevan un tiempo en una escuela Waldorf. A algunas les puede encajar más o menos, mientras que otras, sintiéndose engañadas, han creado la red PLANS, que tiene como objetivo «llevar a cabo una exhaustiva investigación de las escuelas Waldorf y la Antroposofía, la esotérica religión oculta que guía e inspira a los profesores Waldorf. PLANS reconoce el derecho de los grupos religiosos a practicar y enseñar sus creencias, pero esperamos que dichos grupos —incluida la Antroposofía— digan la verdad sobre sus intenciones misioneras» (http://waldorfcritics.org). La reivindicación suena muy razonable, aunque probablemente nosotros también somos muy hijos de nuestro tiempo pidiendo más transparencia a una corriente esotérica, como quien pide una tortilla de patatas «sin deconstruir» en el restaurante de Ferran Adrià...

aconfesionales en el sentido de que no se profesa una única religión, pero tampoco es que se puedan definir como laicas[9]. Seguramente, una mayor claridad en torno a estos asuntos beneficiaría a las escuelas Waldorf, que no parecen muy conscientes de que proyectan un aura un tanto oscurantista que amenaza con eclipsar sus méritos.

---

[9] De hecho, las escuelas Waldorf no se declaran laicas, sino de religiosidad abierta o espirituales. Aunque para las familias hay grupos de estudio de Antroposofía —de asistencia voluntaria— es cierto que esta no se enseña directamente a los niños, no forma parte del currículum. Sin embargo, es su fundamento; la pedagogía no se concibe sin este trasfondo.

Capítulo 5:
Educación libre y educación democrática

> *Temo que la producción en masa haya llegado para quedarse, tanto en el comercio como en la educación. Hay que vaciar a todos los niños en el mismo molde; hay que educarlos para que jamás discutan nada. Y si los chiquitines sufren en el ínterin, eso es algo que a nadie le importa. Lo único que vale es el sistema coactivo, la estandarización del carácter para que todos piensen de la misma forma, vistan de la misma forma, hablen de la misma forma. ¡La uniformidad ante todo!*
>
> A. S. Neill

Más que una pedagogía, la educación libre constituye una respuesta de familias y educadores a un modelo escolar y social que no convence. Por esta razón, el conjunto de las escuelas libres es de lo más heterogéneo. Si las pedagogías Montessori y Waldorf cuentan, respectivamente, con una madre y un padre claros, en el caso de los proyectos de educación libre, «cada uno es de su padre y de su madre». Los hay con influencia de los Wild, de Summerhill, de Sudbury, de Waldorf, de Reggio-Emilia, de Pikler... y cada uno de estos enfoques dejará su poso en la forma de trabajar.

Se pueden encontrar grandes diferencias entre los proyectos en temas como el papel destinado al adulto, la autorregulación o la forma de introducir la lectoescritura. Dependerá, sobre todo, de los referentes de los/las «acompañantes» —así es como se denomina a los educadores— y también la opinión de madres y padres, cuya voz normalmente también cuenta. En las escuelas libres creadas por familias cuenta tanto que son ellas quienes seleccionan y evalúan de forma continua a los educadores; en otras, son las madres y los padres los acompañantes. El concepto de libertad puede defenderse desde posiciones de lo más variadas, desde anarquistas hasta neoliberales.

Ni siquiera hay unanimidad sobre cómo denominar a estas propuestas, y se habla, indistintamente, de educación libre, democrática, antiautoritaria, alternativa o viva. Diversas redes de apoyo —EUDEC a nivel internacional, RAMAE en España, la XELL en Cataluña— realizan encuentros y charlas, pero no es obligatorio en absoluto adherirse a ellas. Tampoco existe una titulación específica para trabajar en estas escuelas, aunque los acompañantes suelen tener formación en pedagogía o haber realizado cursos de educación activa.

A pesar de las diferencias, existen algunos puntos comunes. El principal, es el enfoque no directivo: la confianza en la capacidad del niño para dirigir su propio aprendizaje. Para Carl Rogers, padre de la «terapia no directiva», el niño aprende cuando se encuentra en un ambiente de aceptación y respeto. La idea tiene su origen en el *Emilio* de Rousseau y su visión de la infancia como una etapa en que la sociedad aún no ha corrompido la innata capacidad humana de asombrarse frente al mundo.

Para los críticos, esta visión del niño curioso y bondadoso por naturaleza peca de ingenua, pero los defensores de la «Escuela Nueva» o «Escuela Progresista» (Claparède, Dewey, Ferriére, Freinet, Montessori[1], Bovet...) hicieron de ella su bandera. La educación tradicional adultocéntrica, al convertir la adquisición de conocimientos en un proceso obligatorio del que luego hay que dar cuentas en un examen, sería la culpable de que los niños pierdan tanto la creatividad como el interés por aprender. Autores posteriores, como Freire, Holt o Illich, añadirían más leña al fuego, al denunciar cómo la

---

[1] Montessori formó parte de este movimiento, aunque se distanció de él en algunos puntos. Para la *doctoressa* el alma infantil tiene necesidades espirituales propias. Convertir las escuelas en «repúblicas infantiles» en las que los niños se juzgan los unos a los otros sería una necesidad de los adultos, no de los niños, que aún no cuentan con la madurez suficiente. Por su parte, distintos autores de la Escuela Nueva tacharon el método Montessori de individualista.

educación convencional, además de seguir una pedagogía ineficaz, tiene como objetivo mantener las desigualdades sociales. La escuela tradicional no sería un espacio donde cuestionarse si el mundo podría ser de otra manera, sino el lugar en el que se transmite una cosmovisión destinada a perpetuar el *statu quo*. Los alumnos más dóciles tendrán más fácil encontrar un puesto en la sociedad, mientras que el resto quedará marginado[2].

Frente a esta educación vertical, desarrollada tras la Revolución Industrial para homogeneizar a los niños y proveerse de mano de obra con cierta instrucción, la educación libre defiende una relación horizontal. La escuela se convierte en un espacio compartido por niños y adultos, en el que todos aprenden, no ya por obligación, sino por gusto. La tarea del maestro pasa a ser proporcionar las condiciones para que los niños puedan aprender y desarrollar una visión crítica.

El alumno ya no se concibe como una vasija vacía destinada a ser llenada por el adulto. Deja de ser un sujeto pasivo, que memoriza y repite, para convertirse en agente de cambio. Paulo Freire lo explica así: «Mi visión de la alfabetización va más allá del ba, be, bi, bo, bu. Porque implica una comprensión crítica de la realidad social, política y económica en la que está el alfabetizado». Para este autor, el profesor ya no es quien todo lo sabe, quien impone su visión. Por el contrario, enseñar exige saber escuchar y respetar los saberes de los alumnos. Enseñar y aprender implican un descubrimiento propio y ajeno.

---

[2] Muchos maestros, sobre todo de la pública, consideran estas críticas totalmente injustas y absurdas. Según su punto de vista, ellos en el día a día ya ayudan a mejorar la sociedad al dotar a sus alumnos de herramientas que les permitirán no solo encontrar un trabajo, sino además convertirse en adultos con sentido crítico. Aunque estos profesores sigan metodologías tradicionales, no era hacia ellos a quienes iban dirigidas la mayoría de estas acusaciones. Sin embargo, la expresión «educación tradicional» es casi tan ambigua como «educación libre», lo que da lugar a numerosos malentendidos. Prácticamente, se ha convertido en una caricatura en la que los alumnos no harían otra cosa que memorizar la lista de los reyes godos, con castigos y humillaciones de por medio.

Otra de las características comunes de las escuelas libres es la mezcla por edades. En los proyectos que llegan más allá de infantil suele haber, aparte de las zonas comunes, un espacio dedicado a los pequeños, donde pueden sentirse más seguros, y otro donde los mayores pueden trabajar con mayor concentración.

También es común a la mayoría de los proyectos su insistencia en explicar que libertad no equivale a hacer lo que a cada uno le dé la gana, que los niños cuentan con unas normas claras que deben seguir: el respeto a uno mismo, el respeto a los otros y el respeto al entorno y al material común.

Más allá, no hay un modelo de lo que es «normal» o más deseable: ningún comportamiento se desaprueba, mientras respete las normas básicas. Un niño puede permanecer sentado, concentrado en una actividad, el tiempo que desee, sin tener que abandonarla porque suene una campana para pasar a otra asignatura o salir al patio. Si es tímido, nadie le obligará a hablar. Si es miedoso y hay talleres para aprender a nadar, se le ayuda a vencer sus temores, pero en ningún caso se le fuerza; él mismo podrá ir aproximándose poco a poco al agua hasta que decida lanzarse. En estos proyectos, se confía en la autorregulación: mientras que la imposición genera resistencias, el respeto a los procesos y las inclinaciones naturales permite a los niños crecer sanos y felices. Por el contrario, el autoritarismo y la represión llevan a desarrollar una coraza, a reprimir los propios impulsos, hasta el extremo de que uno puede acabar desconectado de sí mismo, confundido con la coraza, lo que desembocará en una neurosis. ¿Cuántos adultos nos encontramos a los que, si se les pregunta qué es lo que verdaderamente querrían hacer con sus vidas, no encuentran respuesta?

La agresividad no se reprime, sino que se encauza para que no acabe en violencia hacia otros —por ejemplo, se puede descargar la rabia golpeando un «churro» de piscina contra una roca—. Chicos diagnosticados como

TDAH se «normalizan» cuando llegan a un entorno en el que tienen libertad de movimientos, donde pueden realizar una actividad que les motiva y compartirla con otros compañeros, sabiendo que pueden salir al exterior cada vez que les haga falta. Si un niño lleva a cabo una acción como robar, no se le culpa: se entiende que detrás hay una necesidad insatisfecha, una falta de autoestima, o un deseo de vengarse de los adultos y sus normas. A menudo, basta con que el alumno sienta que no se le juzga para que deje de interesarse por los hurtos. Famosa es la anécdota según la cual, cuando Neill descubrió al alumno de Summerhill que salía de noche a robar gallinas a la granja vecina, le propuso acompañarle. A partir de ese momento, el chico abandonó sus pillajes.

Muchas escuelas libres se definen además como democráticas en un sentido radical: una persona, un voto. El funcionamiento de la escuela se decide democráticamente y el voto de un niño tiene el mismo valor que el de un adulto. Suele haber unas normas básicas que no se tocan, pero a partir de ahí, se decide en asamblea qué otras reglas se incluyen y cómo se penalizan las faltas. Alumnos y educadores deciden también en caso de conflicto entre dos partes. En otros proyectos, sin llegar a este punto, se realizan periódicamente asambleas o «corros» donde los niños pueden votar sobre algunos asuntos o hacer propuestas —dónde ir de excursión, qué talleres se podrían hacer, cómo resolver un conflicto pendiente, etc. —.

Summerhill

El niño es sabio y realista de forma innata. Si los adultos le dejamos ser él mismo sin sugerencias de ningún tipo, se desarrollará tanto como sea capaz de hacerlo.

A. S. Neill

A. S. Neill nació en el seno de una familia escocesa de un puritanismo estricto. De pequeño, y a pesar de que su padre era maestro, fue un caso de lo que hoy denominaríamos fracaso escolar, con dificultades de concentración. Inseguro, aplastado por la personalidad de un progenitor demasiado severo, a los catorce años dejó los estudios para probar diferentes empleos. Sin embargo, en ninguno de ellos le fue bien y acabó regresando a casa para trabajar como maestro, primero como aprendiz en la escuela de su padre y posteriormente haciendo sustituciones.

El rigor con que se trataba a los niños en el colegio, que incluía castigos físicos, le espeluznó. Durante un tiempo llegó a abandonar la enseñanza para trabajar como periodista. Finalmente, decidió volver, pero teniendo claro que sus métodos serían muy diferentes. El objetivo de la educación debía ser permitir al niño expresar su propia alma, en lugar de imponerle las ideas de los adultos. Chaplin —al que ahora vemos como a un clásico pero que en la época era simplemente un cómico de moda— le parecía tan necesario como Shakespeare.

Contemporáneo de Montessori y Steiner, no simpatizó sin embargo con sus sistemas pedagógicos; el de la primera lo consideraba demasiado rígido, mientras que del método Waldorf, criticó su «declarada obediencia a la autoridad». No obstante, compartieron un tiempo convulso, el que desencadenó la Primera Guerra Mundial —y después el auge de los fascismos que darían lugar a la Segunda—. Para todos ellos supuso una conmoción. Era necesario que la escuela educara al hombre nuevo capaz de dirimir sus diferencias mediante el diálogo, para así evitar nuevos conflictos bélicos.

En el caso de Neill, estas reflexiones se mezclaron con el auge del psicoanálisis, del que le interesaron principalmente las ideas de Wilhelm Reich, uno de los discípulos díscolos de Freud[3]. Una educación en que no

[3] Según Reich, buena parte de la población vive fuertemente reprimida, principalmente en cuanto a la sexualidad se refiere, lo que nos convierte en una sociedad neurótica que acata

haya libertad está abocada al fracaso, ya que dará lugar a un adulto conformista y neurótico, desconectado de sus propios deseos. Pero la libertad no es libertinaje, sino que encuentra sus límites en el respeto al otro. El niño mimado será también un niño infeliz, incapaz de convivir socialmente. Por eso, la principal función de la escuela debería ser permitir a sus alumnos su libre desarrollo y el aprendizaje de la vida en común, puesto que el niño difícil, es en realidad un niño al que se ha reprimido hasta volverlo infeliz:

> Ningún maestro tiene derecho a curar a un niño de hacer ruido con un tambor. La única cura que debe practicarse es la de curar la infelicidad. El niño difícil es un niño infeliz. Está en guerra consigo mismo y, en consecuencia, está en guerra con el mundo. El adulto difícil va en la misma barca. Ningún hombre feliz ha perturbado nunca una reunión, ni predicado la guerra, ni linchado a un negro. Ninguna mujer feliz ha sido nunca regañona con su marido ni con sus hijos. Ningún hombre feliz cometió nunca un asesinato o un robo. Ningún patrón feliz ha metido miedo nunca a sus trabajadores. Todos los crímenes, todos los odios, todas las guerras, pueden reducirse a infelicidad. Este libro intenta hacer ver cómo nace la infelicidad, cómo arruina las vidas humanas, y cómo pueden criarse los niños de manera que no se presente nunca una proporción crecida de esa infelicidad[4].

La otra gran influencia de Neill fue Homer Lane, el director de un innovador hogar para jóvenes delincuentes. Cuando estos chicos descubrían que allí no había castigos y que se confiaba en ellos y se les asignaban responsabilidades, sus conductas antisociales se revertían. Lo único que necesitaban era sentirse parte

---

pasivamente la autoridad. Mientras que para Freud, el tratamiento de la neurosis se debía realizar de forma individual (de terapeuta a paciente), para Reich, sería la transformación social la que llevaría a eliminar la causa de la mayoría de las patologías.

[4] Neill, A. S. (1975). *Summerhill: Un punto de vista radical sobre la educación de los niños*. Madrid: Fondo de Cultura Económica.

de una comunidad. El centro se regía por un sistema de autogobierno, en el que cada persona contaba como un voto, independientemente de su edad o puesto.

Neill plasmó todo su ideario en la escuela Summerhill que, hoy por hoy, continúa en funcionamiento fiel al planteamiento original. El pilar de la escuela es la libertad, lo cual, aunque parezca paradójico, es compatible con contar con 250 reglas. Todos participan en su elección, contando lo mismo el voto de un alumno que el de un adulto, por lo que son asumidas como algo propio. No se trata de normas externas cuyo sentido se pierde en el origen de los tiempos, sino de reglas vivas, que periódicamente son revisadas.

En Summerhill no hay reprimendas ni sermones, pero sí sanciones. En lugar de culpar, se hace ver a los alumnos que sus actos tienen consecuencias. Por ejemplo, si un niño ha usado la bici de otro sin permiso, el caso puede ser llevado al tribunal[5]. Si se concluye que efectivamente se ha incumplido una norma, el infractor deberá pagar una multa de 50 peniques.

La libertad es también la base de la metodología. Hay clases magistrales, pero los niños asisten únicamente si quieren. Es el sueño de todo profesor, tener en el aula alumnos que están allí porque así lo han decidido voluntariamente. Dado que solo van si realmente están motivados, al docente no le hace falta perder el tiempo ni energías en mantener el orden. Ni siquiera se da mucha importancia a indagar en innovaciones docentes. Las clases son bastante clásicas porque se considera que cuando un alumno acude a ellas por su propio interés, va a *exprimir* al profesor: es secundario si se trata de clases magistrales o de otro formato.

---

[5] El tribunal tiene como misión juzgar los casos en que se han incumplido las reglas; está compuesto por miembros de la comunidad. Para cada infracción hay una sanción establecida, sanciones que también se han decidido democráticamente y que pueden consistir en pagar una cantidad de dinero o dedicar un tiempo a realizar trabajos para la comunidad. Las multas no son vistas como castigos, sino como la manera que tiene la comunidad de desaprobar ciertas acciones.

Para Neill, podemos obligar a un niño a que deje de tirar piedras, puesto que se trata de una cuestión que afecta a otros. En cambio —según afirma en su obra *Summerhill*—: «nadie tiene derecho a obligar a un muchacho a aprender latín, porque aprender es una cuestión individual; sin embargo, si en una clase de latín un chico molesta constantemente, la clase puede expulsarle, puesto que está interfiriendo en la libertad de los otros». No se trata de culpabilizar a nadie, sino de garantizar el derecho a aprender de los que quieren hacerlo —algo en lo que la escuela convencional, cada vez más metida en su papel de «aparca-niños», está fracasando estrepitosamente—. En la actualidad, la escuela ha debido incorporar normas sobre nuevas realidades. Sobre los móviles, por ejemplo, la Asamblea decidió que pueden llevarse a clase, pero que deben estar en silencio para no interrumpir. Es lo mismo que hacemos los adultos cuando acudimos a un acto público: somos conscientes de que el móvil no debe molestar y actuamos en consecuencia, sin que ello nos suponga sentirnos coaccionados.

Lo que sí se exige en cualquier caso es coherencia y compromiso: al principio de cada trimestre, cada alumno decide a qué clases irá. Hay evaluaciones, pero se realizan únicamente para comprobar cómo se está avanzando. Y aunque pueda sorprender a muchos, a pesar de que la asistencia sea voluntaria, las aulas no están vacías. Lo que cambia es que no están todos los niños de la misma edad a la vez en la misma clase, sino que cada uno va a su ritmo. El arco de intereses de los alumnos es muy amplio, porque cuando se profundiza, de un interés inicial se llega a otros. Es la educación tradicional la que parcela el mundo en asignaturas haciendo más difíciles los aprendizajes significativos.

La escuela prefiere ser una opción para prevenir problemas, antes que para solucionarlos. Durante mucho tiempo, Summerhill fue la opción a la que familias desesperadas acudían con hijos que no se habían adaptado a otros colegios, niños que traían consigo un bagaje emocional negativo y dificultades relacionadas con el colegio anterior que requerían una atención extra que a menudo acababa desequilibrando a la comunidad. Por eso ahora se prefiere que los niños entren pronto, con seis años, y rara vez se admite a mayores de doce.

Los alumnos que vienen de escuelas muy directivas necesitan un período de adaptación —más extenso cuanto mayor es el niño—. Acostumbrados a que les obliguen a estudiar y les limiten el tiempo de juego, cuando pueden hacer uso de su libertad no tienen ni la más mínima intención de ir a clase. Algunos, sin la dirección de un adulto, se aburren, pero este aburrimiento no es juzgado peyorativamente, sino valorado como el terreno fértil del que acaba surgiendo un mayor autoconocimiento, así como nuevas ideas. En Summerhill se apuesta decididamente por la autorregulación: pasado un tiempo de dejar al niño sin presiones, su interés y su curiosidad reaparecen. Aunque excepcionalmente se admiten alumnos externos, el centro funciona en régimen de internado, puesto que se desconfía de las interferencias familiares y se considera que una educación integral solo se puede llevar a cabo en comunidad.

En la escuela se respetan las decisiones que los niños toman sobre su propia vida de una manera radical. Si un alumno quiere ser actor, no se le intenta influir para que en lugar de ello estudie una carrera con más salidas. Igualmente, se acepta que un niño con un gran talento para la música abandone su estudio porque ha decidido ser bombero. Lo más importante es que al llegar a la madurez, no padezca la frustración de no haber sido lo que él hubiera querido, sino lo que otros decidieron por él según una escala de valores y unos deseos que no eran los suyos. Se considera que el fin de la educación es la conquista de la felicidad, encontrar el propio camino, ser coherente con uno mismo, desarrollar la propia responsabilidad. Dejar de echar la culpa a los otros de aquello en que se acaba convirtiendo la vida. Cada persona, en todo momento de su desarrollo, tiene no solo el derecho, sino el deber, de ejercer su libertad.

Sudbury

Sudbury es un modelo de educación democrática que surgió en Estados Unidos después de Summerhill. Actualmente, existen más de 40 escuelas de este tipo repartidas por todo el mundo.

Aunque comparte la filosofía de base con la escuela de Neill, existen algunas diferencias. No sigue el modelo de internado y no hay clases magistrales. El papel de los adultos no es el de transmitir conocimientos; se ocupan de las tareas para las que los niños no están preparados (velar por la seguridad de todos los miembros, administración, cuidado del espacio, etc.), pero interviniendo lo menos posible. Solo orientan a la hora de acceder a los recursos o preparan un taller si los estudiantes lo solicitan.

Existe una estructura, pero únicamente en cuanto a reglas de funcionamiento, que son decididas democráticamente por la comunidad. No existe nada parecido a un currículum prefijado, cada uno es responsable de lo que hace con su tiempo. Y al igual que en Summerhill, este tiempo para encontrarse con uno mismo se considera uno de sus principales activos.

El aprendizaje es completamente autónomo. Un niño puede pasarse el día jugando a los videojuegos, mientras que otro puede estudiar la obra de Shakespeare a través de Internet. Y como lo hace porque quiere y cuando quiere, no puede darse el caso de que acabe aborreciéndolo. No se juzga y no hay expectativas.

¿Y cómo sabe un niño de la existencia de Shakespeare si en la escuela no le han hablado de él? Probablemente, por algún amigo o porque en su casa sí está de alguna manera presente. Lo que a la vez tiene como corolario que habrá autores y conocimientos que no pasarán por su vida, si no es por una feliz casualidad —y será poco probable que se dé si los alumnos provienen de ambientes socioeconómicos desfavorecidos—. Sin embargo, los defensores del método consideran que cualquier conocimiento que un niño necesite en un momento de su desarrollo —sea sumar o escribir— lo adquirirá por sí mismo.

En Sudbury no hay aulas, los alumnos parecen estar continuamente de recreo. A quienes han recibido una educación tradicional todo esto puede resultarles chocante, generarles dudas sobre las posibilidades de estos chicos a la hora de acceder a la universidad. Sin embargo, los que así lo deciden, parecen no tener dificultades a la hora de integrarse a la educación formal.

Tampoco se dan en Sudbury casos de dislexia (un problema que sufre el entre el 10 y el 15 % de la población de EE. UU.). La razón parece encontrarse en que no se fuerzan los ritmos. Hay niños que comienzan a leer a los cuatro años y hay otros que no tienen interés por aprender hasta los once. Pero al salir de la escuela, todos leen sin contratiempos —y algunos de los que más tardaron se convierten en lectores apasionados—. Cuando el niño quiere aprender, sea a leer o a hacer fracciones, lo hace en mucho menos tiempo que cuando lo hace con desgana. Sentirse forzado genera unas resistencias que a menudo bloquean el aprendizaje.

> Siempre hemos sabido [...] que las matemáticas que enseñamos durante una hora al día durante seis años puede aprenderse en pocas horas. Todos lo sabemos. Pero los niños las odian, de modo que no tenemos otra manera de hacerlo sino metiéndoselo con la cuchara un día sí y otro también y esperando que en seis años algo se quede. Los niños hoy están sobreexpuestos. Con la televisión, con lo que ven y oyen a su alrededor, están expuestos a los seis años a cosas a las que sus padres no lo estaban hasta la adolescencia. La estimulación per se es lo último por lo que preocuparse. Más bien, habría

que preocuparse de cómo lograr que los chicos se alejen de la implacable estimulación que les está bombardeando desde todos lados. ¿Cómo podrán lograr una oportunidad de sentarse y pensar, de contemplar? Para nosotros, en Sudbury Valley, el mejor recurso es el tiempo. La escuela está organizada de forma que anima a los estudiantes a relajarse, a mirarse a sí mismos, a sus propios tiempos y ritmos interiores, para nutrirlos. Si eso requiere de una etapa de aburrimiento, también está bien. El aburrimiento es una transición saludable entre estar constantemente asaltado por estímulos externos y lograr un punto en el que eres capaz de dirigir tu propia vida interna[6].

La escuela activa de Rebeca Wild

Muchos proyectos de educación libre de nuestro país siguen la estela del «Pesta», el centro que Mauricio y Rebeca Wild fundaron en Tumbaco (Ecuador). Funcionó de 1977 a 2005, y llegó a contar con más de 150 alumnos. Pese al éxito decidieron cerrarla porque consideraban que faltaba coherencia entre el proyecto pedagógico y las familias. De esta forma, se reconvirtieron en *El León Dormido*, una comunidad donde madres y padres participan como acompañantes.

En sus obras, Rebeca Wild defiende que el niño, para su desarrollo, necesita libertad y límites. Libertad para probar, para confundirse, para ser él mismo. Contar con la posibilidad de moverse y de hablar permite la formación de estructuras de comprensión sanas —una afirmación de Piaget que choca con la práctica de las escuelas tradicionales—. Resulta fundamental así mismo el respeto por parte de quienes le rodean. Pero este respeto debe ser bidireccional y apoyarse en unas normas —pocas, pero claras— que ayuden al niño a saber a qué

[6] GREENBERG, Daniel. «How and What Do Children Learn at SVS?» en *The Sudbury Valley School Experience*. Framingham: Sudbury Valley School Press, 1992 (Traducción: Javier Herrero)

atenerse. Como la hiedra, sin un muro en el que apoyarse, no podrá crecer adecuadamente.

La autonomía del niño se persigue también a la hora de tratar los conflictos: siempre se procura que sean resueltos por sus protagonistas, aunque sean muy pequeños. No siempre resulta fácil, todo esto depende en gran medida de la situación que los niños vivan en casa —algunos cuentan con la libertad pero no con los límites—. Pero en cualquier caso, supone un enfoque muy diferente del tradicional de castigar al que parece que ha originado el conflicto, que lo que consigue es que los niños eludan asumir sus actos o se sientan culpables. Aquí lo que se busca es que se sientan responsables, algo muy diferente. La actitud del acompañante resulta fundamental: en caso de conflicto en ningún momento grita o regaña, simplemente se acerca y pregunta a sus protagonistas qué ocurre y cómo están. Los niños explican lo que ha pasado y el acompañante repite lo que le han explicado, preguntando finalmente qué pueden hacer. Los niños proponen diferentes soluciones y finalmente se deciden por una. Así, en lugar de sentirse frustrados por una imposición adulta, se sienten parte activa de la resolución. Cuando han pasado por esta experiencia en repetidas ocasiones, ya no necesitan ni de la intervención del acompañante: es frecuente que en caso de que dos niños quieran un mismo juguete, uno diga al otro que se lo dejará cuando acabe y el otro acepte.

La base es muy similar a Montessori —de quien también se toman algunos de sus materiales manipulativos— aunque no se sigue al pie de la letra. En Montessori, los alumnos pueden elegir qué material utilizar, siempre que lo hagan de la manera correcta, siguiendo las instrucciones que antes les ha dado la guía. Los Wild, en cambio, prefieren que el aprendizaje se realice de una manera más libre, que los niños investiguen por su cuenta las posibilidades de los materiales, aunque el adulto esté allí si solicitan ayuda o para hacer propuestas. El enfoque es, por tanto, menos directivo aún que Montessori. El niño elige en todo momento qué quiere hacer, si prefiere jugar en el exterior, participar en algún taller o dedicarse a alguna actividad, sea la escritura, la lectura, la pintura, las matemáticas o el juego simbólico. En realidad, lo que se hace es tomar al pie de la letra la idea montessoriana de que el juego es el trabajo del niño, sin establecer diferencia entre ambos. El juego libre se concibe aquí como una herramienta privilegiada del aprendizaje. Otra diferencia radica en el papel otorgado a los cuentos, que Rebeca Wild valoraba muy positivamente, tanto para desarrollar la imaginación como para digerir experiencias dolorosas, además de ayudar al desarrollo del lenguaje.

La idea que subyace es la división en etapas de desarrollo que establece Piaget, según la cual cada una de ellas es completada cuando los ritmos son respetados. En el caso de la etapa «preoperativa» (2-7 años) la característica principal es la creciente utilización del lenguaje y la creación de símbolos nuevos:

> El niño no solo aprende a nombrar las cosas por su nombre, sino que, además, con su lenguaje se concede la libertad de, por ejemplo, convertir un trozo de madera en un avión y utilizarlo como tal. En esta etapa, el juego libre, lleno de fantasía, llega a su máximo esplendor. El niño no solo fantasea con aquellas vivencias que le oprimen para así integrarlas en su vida, sino que a través del mismo juego consigue reorganizaciones y grados de dominio siempre nuevos de los elementos de su entorno. Así, el juego lleno de fantasía se convierte en algo importante tanto para el ánimo del niño como para su inteligencia en evolución[7].

En la etapa «operativa» (que va aproximadamente de los 7 a los 14 años) los conceptos se asimilan con la ayuda de materiales concretos. Se considera que aprender algo de memoria es contraproducente, puesto que luego

---

[7] Wild, (2013)

será más difícil la comprensión. Los adultos tendemos a identificar inteligencia con simbolización y abstracción precoz, sin embargo, estos procesos no se pueden forzar. Wild pone el ejemplo de la alimentación: podemos dar a nuestros hijos alimentos sanos, pero no enseñarles cómo su cuerpo debe digerirlos. De la misma manera, lo que podemos hacer para favorecer sus procesos cognitivos es permitirles el contacto con situaciones ricas y variadas de la vida real, en lugar de hacerles pasar horas y horas con dictados y aprendiendo reglas gramaticales, reglas de cálculo, reglas de conducta, etc.

La sobreestimulación puede acabar bloqueando a los niños, provocándoles fatiga y aburrimiento. Por eso la escuela debe evitarla, respetando los procesos de vida. La idea se basa en las teorías de Humberto Maturana, biólogo chileno que afirma que todos los organismos tienden, de forma espontánea, a buscar las vías que mejor les procuren su autodesarrollo. En las semillas, por ejemplo, ya va incluida la información que necesitan para crecer. Solo necesitan tierra y agua, para ir tomando los nutrientes que requieren en cada momento. No por regarlas más crecerán más rápido: al contrario, podemos causarles graves problemas. Para que el niño florezca, necesita, además de un entorno rico, amor y seguridad, libertad y límites. Un amor incondicional que no interfiera con su esencia —nada de «si recoges los juguetes, mamá te querrá más» o de «si no te acabas todo el plato, papá se pondrá triste»—.

El verdadero aprendizaje es el que viene motivado por el propio interés. Los demás aprendizajes pueden memorizarse, pero nunca quedan tan integrados. Incluso lo vemos en los adultos —hoy en día tan saturados de información pero tan carentes de experiencias reales—; pero en el caso de los niños las consecuencias son nefastas.

¿Y qué ocurre si un niño no se interesa por nada? Puede darse el caso, sobre todo si previamente ha estado escolarizado en un colegio tradicional, con sus horarios rígidos y sus actividades pautadas. Normalmente, es cuestión de tiempo que vuelva a encontrarse consigo mismo y recupere el interés espontáneo por el aprendizaje. Pero si esto no ocurre, la tarea del educador es averiguar las causas. Un niño con problemas en casa, por ejemplo, difícilmente se interesará por aprender, es como una planta intentando crecer en un terreno que no le es propicio[8]. La escuela puede, en este caso, ayudar a reconocer los problemas, creando un ambiente de confianza. También resulta útil hablar con los padres, que a menudo no son conscientes de que el comportamiento de sus hijos suele ser una respuesta a unas condiciones de vida —de forma que si se modifican las condiciones perjudiciales el comportamiento cambia—.

En los últimos años de su vida, Rebeca Wild fue cuestionando cada vez más su propia escuela, el hecho de que por un lado estuvieran los hijos, y por otro los padres y madres, delegando la educación en los «expertos» para trabajar todo el día. Wild ve aquí la principal fuente de conflictos entre adultos y niños, ya que los primeros viven bajo la presión de un horario inflexible, mientras que los segundos carecen de sentido del tiempo, su atención está totalmente dirigida al momento. La idea que subyace a su último proyecto, *El león dormido*, es el de aprender en comunidad, compartiendo el tiempo y el espacio, la crianza y la economía.

---

[8] Para que surjan la curiosidad y la admiración, como bien sabía Aristóteles, es necesario que las necesidades básicas estén cubiertas, que se disfrute de tranquilidad y ocio.

Pedagogía libertaria

Si el ser humano encuentra más rentable «domar» que «madurar», como parece que lo encuentra, resulta que el mundo se viene convirtiendo en un circo en dónde un@s con sus látigos consiguen que otr@s «obedezcan».
JOSEFA MARTÍN LUENGO

¿De qué sirve educar a nuestros hijos en libertad, si cuando crezcan no van a poder ejercerla? Esta es la idea que subyace a los proyectos libertarios, que mezclan los principios de la educación libre con una clara vocación de transformación social. Un individuo solo puede ser auténticamente libre en una sociedad donde todos sus miembros sean libres. En la práctica, esto conlleva dar un peso importante al ejercicio de toma de decisiones colectivas y al análisis crítico de la historia y de la actualidad. En algunos proyectos, además, se juzgan peyorativamente los juegos competitivos y la propiedad privada (por ejemplo, puede no permitirse llevar juguetes de casa).

La pedagogía libertaria entiende la educación convencional como una forma de inculcar valores y comportamientos que perpetúan las desigualdades sociales. Frente a ella, defiende una educación cuyo objetivo sea cambiar los valores vigentes con el fin de construir una sociedad más justa. Frente al autoritarismo se defiende la libertad; frente a la explotación, la solidaridad; frente a la segregación, la igualdad. Muchas de las ideas más valoradas hoy en las escuelas libres tuvieron su origen en proyectos de ideología libertaria: las relaciones horizontales, el aprendizaje autodirigido —con ayuda de otros compañeros—, la coeducación (de sexos y de clases sociales), la autoevaluación como manera de evitar la competitividad de los exámenes, la asamblea como forma de autogestionarse, el juego como herramienta de aprendizaje, etc. En las antípodas de los proyectos que se declaran apolíticos, los libertarios entienden que el niño al nacer no es ni bueno ni malo, y que la labor de la escuela es enseñar a controlar las tendencias nocivas y a potenciar las beneficiosas. Los críticos, por su parte, entienden que esto es adoctrinamiento y que lo que debe hacer la educación es ayudar a desarrollar su propio criterio.

Los proyectos de educación libre suelen vivir como una contradicción interna el hecho de que muchos niños no puedan acceder a ellos por razones económicas. Es algo que se intenta paliar llevando a cabo actividades de autogestión (venta de camisetas y calendarios, fiestas, etc.) que consiguen que la cuota sea menos elevada, pero no llegan a acabar con el problema. En los proyectos libertarios, en cambio, es una prioridad que ninguna familia quede fuera por no disponer de suficientes ingresos, por lo que las cuotas suelen adaptarse a las distintas situaciones.

Educación viva

Se trata de la versión de la educación libre que hace Jordi Mateu, que con el adjetivo «viva» quiere enfatizar que es un modelo basado en la innata capacidad autopoiética (de autodesarrollo) de los seres vivos. La influencia de los Wild es palpable.

La expresión ha hecho fortuna, tanto dentro como fuera de Cataluña, ya que no despierta las mismas reticencias que otras. Resulta menos problemático, por ejemplo, que una escuela pública se presente como «escuela activa» o «de educación viva» que como «escuela libre»[9].

Es posible encontrar centros de educación viva tanto públicos como privados. Pueden diferir en ratios y en que en los públicos pueden sentirse menos libres —al ser a veces cuestionados por inspectores o familias—, pero la filosofía es compartida.

---

[9] Qué ha podido ocurrir en un país para que la palabra «libertad» haya pasado de inspirar himnos a resultar sospechosa es un tema que daría para otro libro, así que aquí lo dejamos.

En los centros públicos de educación viva, tanto el patio como las aulas están organizados en diferentes espacios por los que los niños pueden moverse libremente, al menos durante buena parte de la jornada. Se realizan asambleas y distintos talleres: de música, inglés, matemáticas (usando materiales manipulativos), psicomotricidad, etc. Las puertas están abiertas a familias y estudiantes en prácticas, lo que a veces puede resultar enriquecedor, mientras que en otras ocasiones puede generar un poco de caos.

Dependiendo de la comunidad autónoma, desde la administración estas iniciativas se ven con mejores o peores ojos. Es frecuente que no se pongan trabas mientras los resultados sean similares a los del resto de centros. Lo que rara vez ocurre es que se les faciliten más medios, por lo que los profesores pueden acabar sobrecargados. La educación libre requiere ratios bajas —acompañar a los niños para que puedan resolver por sí mismos sus conflictos puede llevar bastante tiempo— y en estas escuelas las ratios son tan altas como en cualquier centro público.

Aún así, la acogida de los colegios públicos de educación viva ha sido tan buena que cada año se quedan sin plaza muchas familias. Y es que su número va creciendo, pero a un ritmo mucho más lento que el interés de la sociedad por estas pedagogías.

El valor del juego libre

El juego libre, no estructurado, es algo común a niños y niñas de todas las épocas y culturas. Nos damos cuenta de que un niño está enfermo cuando no quiere jugar, porque lo habitual es que quieran hacerlo todo el tiempo, con una energía que parece inagotable.

Y es que el juego libre es la herramienta de que disponen para explorar el medio que le rodea, para recrear situaciones y para inventar sus propios mundos.

Se trata del juego con mayúsculas, aquel que surge de la imaginación, más allá de reglas propuestas por los adultos o materiales estructurados. Se puede jugar con agua, con palos y piedras, con hojas que se convierten en un avión. Con tierra se pueden cocinar pastelitos o construir autopistas. Todo es posible, pero dentro del marco que establecen los niños. A veces, un adulto se acerca y finge comerse un flan que acaban de terminar. «¡No, que todavía está caliente!», tienen que advertirle... Y es que, con demasiada frecuencia, los adultos parecemos no enterarnos de nada:

> Los humanos somos creativos por naturaleza, pero la creatividad es máxima con los niños, porque no tienen ideas preconcebidas. Para un niño una botella de agua puede ser un cohete. Esto es creatividad. Aquí el error sería que los padres, viendo que le gustan los cohetes, les compraran uno. ¡Que juegue con la botella! Las neuronas están conectadas para hacer este ejercicio, y si le compran el cohete le estarán mutilando estas conexiones. Es lo que llamamos podaje exonal. Más que potenciar la creatividad, hay que evitar mutilarla[10].

Que jugar es una necesidad humana, incluso para los adultos, es algo que saben bien los expertos en marketing y gamificación. Normalmente, nuestras vidas transcurren dentro de unas circunstancias previsibles y unas reglas fijas. Nos otorgan una aparente seguridad, pero a cambio perdemos el asombro. Por eso los adultos pueden acabar dándole a las tragaperras, emocionándose con los «rasca y gana», yendo asiduamente de tiendas a ver si cazan alguna ganga o visitando varias veces al día el Instagram para ver cuantos *likes* tiene la última foto que han colgado. La recompensa variable resulta adictiva. La

---

[10] Rodríguez, P. (2015, 16 de abril). David Bueno: «La mirada de aprobación del maestro es más gratificante que un 10». *El Diario*. http://www.eldiario.es/catalunya/educacion/David-Bueno-aprobacion-maestro-gratificante_0_377962930.html

respuesta previsible de abrir la nevera y que se encienda la luz no hace estar abriendo y cerrando la puerta una y otra vez. Pero si los resultados no son previsibles —si por ejemplo, apareciera un plato diferente cada vez que abrimos la puerta— el hecho nos generaría una intriga. Nos engancharíamos. Los niveles de dopamina se disparan cuando el cerebro está esperando una recompensa diferente cada vez. En una vida cotidiana carente de sorpresas, las redes sociales enganchan[11].

Aparentemente, sin embargo, nuestra sociedad ha perdido el sentido de lo lúdico. Jugar es cosa de niños. Y sin pasarse, que hay que irles preparando desde ya para un mundo que será cada vez más competitivo:

> El juego les hace aprender de la vida y entenderla, les permite desahogarse cuando no se sienten bien, ayuda a entender y resolver conflictos, así como a elaborar o conocer las reglas de juego y respetarlas, les incita a ponerse en el lugar de otros. El juego es simplemente maravilloso y bueno, muy bueno. Pero, de repente, uno cumple 6 años y se acabó el juego de golpe, porque toca hacer fichas y aprender un montón de cosas abstractas en libros de dos dimensiones, solo porque una gente lo decidió en algún momento. Y entonces, toda esa energía natural de juego se para y la vida cambia, se hace difícil y más aburrida, más parecida a la del mundo adulto. [...] ¿Y por qué no seguir jugando después de los 6 años? ¿Acaso no creéis que elegirán jugar con letras y números que les harán adquirir la lectura, la escritura, y las matemáticas? ¿Acaso no creéis que querrán construir, cortar y taladrar y que aprenderán las medidas y el uso y manejo de herramientas? ¿Acaso no tendrán conflictos que resolver y podrán ponerse en el lugar de otros y establecer normas y buscar soluciones? ¿Acaso no es ofrecerles un sinfín de posibilidades que enriquezcan sus vidas sin que haya detrás una obsoleta organización adulta que les obligue a aprender lo mismo y de la misma manera?
> ¿Y si pudiéramos seguir aprendiendo así el resto de nuestra

[11] Eyal, N. (2014). *Hooked*. London: Penguin.

> vida? ¿Y si jugar no fuera «cosa de niños» sino «cosa de todos y todas»? [...] La libertad te permite vivir todo tipo de aprendizaje como un juego, ya que lo eliges tú; y solo por eso ya lo disfrutas[12].

Ya lo decía Confucio: «Elige un trabajo que te guste y no tendrás que trabajar ni un día de tu vida». Quien elige la vida que quiere vivir, se esfuerza tanto o más que los otros, pero ese esfuerzo no le resulta gravoso. La vida entendida como juego implica marcarnos unas reglas, unos objetivos, pero, sobre todo, disfrutar del proceso en lugar de obsesionarnos con el resultado. Si vas a emprender el viaje a Ítaca, pide que tu camino sea largo...

Para educar a un niño hace falta una tribu

Los estudios antropológicos en torno a las sociedades de cazadores-recolectores han puesto de manifiesto que antes de la aparición de la agricultura los niños se dedicaban simplemente a jugar. Esta era la manera en que se educaban para ser miembros competentes de la tribu:

> Al otro lado del mundo, y alejado de la presión educativa a la que están sometidos Esteban y Andrés [dos escolares occidentales], encontramos a Kwi, que también tiene once años, y está creciendo en una cultura que confía en los instintos y el buen juicio de los niños y niñas. Kwi vive en un grupo de cazadores-recolectores del desierto del Kalahari, en África. Este grupo forma parte de la cultura ju/'hoansi. No asiste al colegio y no tiene una rutina fija. Se levanta cuando se despierta del todo, y pasa el día como le place, jugando y explorando con sus amigos de todas las edades, a veces dentro del campamento, otras muy lejos de allí, sin supervisión adulta. Es lo que ha hecho desde que tenía cuatro años, edad en que, de acuerdo

---

[12] Carla Martín en Fernández Navas, N., y Alcaraz Salarirche, N. (coords). *Innovación educativa: Más allá de la ficción*. Pirámide, Madrid. (2016). Sobre la importancia del juego, véase también el documental *Imagine Elephants* (2015).

con los adultos ju/'hoansis, los niños y niñas pueden razonar y controlarse, y no necesitan ya permanecer cerca de los adultos. Cada día ofrece nuevas aventuras, nuevas oportunidades de aprender.

Por iniciativa propia, dado que desean convertirse en adultos eficientes, Kwi y sus amigos juegan a todas las actividades que son cruciales para la vida del grupo, y este juego les sirve de práctica. Juegan durante horas a seguir las huellas de los animales y a cazar. Con arcos y flechas, acechan y disparan a mariposas, pájaros, roedores e incluso a veces a animales de más tamaño. Fabrican chozas y herramientas que se asemejan a las que construyen los adultos. Se deleitan imitando, de forma exagerada, los sonidos y las acciones del kudú, el ñu, el león y decenas de especies animales cuyos hábitos han de aprender para convertirse en cazadores expertos y defenderse de los depredadores; y en sus juegos, los diferentes jugadores adoptan el papel de animales distintos. También, con un gran sentido del humor, caricaturizan la forma de hablar y las acciones de los adultos de su grupo y de otros que los visitan, a quienes estudian con atención. A veces se aventuran muy lejos entre la maleza para encontrar lugares secretos, escondidos. Corren, se persiguen, saltan, trepan, ponen a prueba su puntería y bailan, y al hacerlo desarrollan cuerpos ágiles y bien coordinados. Fabrican instrumentos musicales y tocan las canciones ju/'hoansis ya conocidas, además de inventar otras nuevas. Hacen todo esto porque quieren. Nadie les dice que deban hacerlo. Nadie los somete a examen. Ningún adulto trata de dirigir sus juegos, aunque a veces, sobre todo los más jóvenes, se les unen por pura diversión, y en ocasiones Kwi y sus amigos toman parte en juegos y danzas que han iniciado los adultos. Su guía es su propia voluntad. Esta es la infancia tal como la naturaleza la ha ideado[13].

En nuestra sociedad, la situación es muy diferente. Sería complicado que un niño aprendiera todo lo que necesita de esta manera, pudiendo moverse con independencia de los adultos desde una edad temprana.

[13] Gray, (2016)

Así, podemos concluir que este modelo no nos vale y que por tanto los niños tienen que ir al colegio; o, por el contrario, que es la sociedad la que debe cambiar para que sea posible educar así.

Sin duda, los cambios tendrían que ser de calado. Las sociedades de cazadores-recolectores son colaborativas, se busca el bien común, la educación de los infantes corre a cargo de toda la tribu. Un duro contraste con las sociedades occidentales, en donde el trabajo de algunos adultos consiste en diseñar atractivos envoltorios para atraer a los niños hacia la comida basura...

¿La república independiente de tu casa o la ciudad de los niños?

No hace falta, sin embargo, irnos tan lejos para encontrar ejemplos de sociedades donde la educación y el cuidado de los niños no son asunto únicamente de la familia y la escuela. Buscando recuperar la ciudad educadora que vivió en su infancia, el psicopedagogo Francesco Tonucci, *Frato*, ha desarrollado el proyecto conocido como *La ciudad de los niños*. Su crítica va dirigida a un modelo urbanístico en el que los automóviles priman sobre las personas y que deja de lado a los niños, que actualmente solo pueden jugar en los parques (y no siempre cuentan con uno cercano). La ciudad se ha convertido en un lugar peligroso, sucio, donde los niños ya no salen al exterior más que bajo vigilancia —lo que implica que no pueden tener experiencias autónomas—. Cuando no hay ningún adulto que pueda acompañar al niño al parque, este debe permanecer en casa. O se le apunta a actividades extraescolares, que acaban siendo muchas veces una prolongación de la escuela. Los adultos, por su parte, intentan sofocar su sentimiento de culpa concediéndoles caprichos.

> Se organiza la casa como si fuera un refugio antiatómico: fuera está el peligro, la maldad, el tráfico, la droga, la violencia,

> el bosque oscuro y amenazador; dentro, la seguridad, la autonomía, la tranquilidad: es la casita segura de los tres cerditos. Las puertas se blindan, se arman con barras y cerrojos, con mirillas para ver sin ser vistos; se instalan videófonos; normas de la copropiedad impiden la entrada a los extraños. Se enseña al niño a no abrir a nadie (¡y se pretende educar a los hijos en la tolerancia, la solidaridad y la paz!). Dentro de casa, todo aquello que sirve para estar bien, tranquilos y solos, incluso durante largo tiempo: televisor, vídeo, videojuegos y, sobre todo, juguetes, infinidad de juguetes. Y para que el niño no esté siempre en casa, se le inscribe a un cursillo de natación, a clases de guitarra, a un curso de inglés, etcétera, etcétera[14].

Frente a este modelo, Tonucci propone que los niños puedan volver a jugar en la calle. Esto implica, como es evidente, repensar las ciudades y llevar a cabo cambios. Entre ellos figuran hacer más calles peatonales, o recuperar la solidaridad vecinal, encontrando «nuevos aliados» de los niños (ancianos y comerciantes podrían ayudarles si se encuentran frente a una dificultad que no pueden resolver por sí mismos).

En Fano, ciudad natal de Tonucci, muchas de sus ideas son ya una realidad. Un consejo compuesto por niños de distintas escuelas de la ciudad presenta una vez al año sus propuestas e inquietudes al ayuntamiento. Los policías municipales reciben formación para convertirse en «amigos de los niños». Se ha impedido la urbanización de una huerta que ahora sirve a fines educativos. Un día al año se cierra el tráfico en las principales calles de la ciudad por petición de los pequeños, que aprovechan la ocasión para jugar en medio de la calle.

La iniciativa ha tenido tanta resonancia que se han apuntado a ella otras ciudades. En España, la pionera ha sido Pontevedra, que ha llevado a cabo en los últimos

---

[14] Tonucci, F. *La Ciudad de los Niños* (consultado en http://www.nodo50.org/forosocialjaen/CP941001.PDF)

años una transformación espectacular. Actualmente, los pontevedreses optan mayoritariamente por la bici o el paseo a pie para sus desplazamientos, lo que ha reducido las emisiones de CO_2 en un 88 %[15]. Incluso los comerciantes, en un principio reacios a los cambios, piden ahora más calles peatonales, porque han visto que la gente sale más a la calle. El espacio público ha sido recuperado por pequeños y grandes y zonas antes muy degradadas han comenzado a revitalizarse. Ahora se tarda tres minutos más en atravesar la ciudad en coche, pero ya no hay accidentes mortales. Los niños juegan en la calle y van solos al cole, sabiendo que si tienen algún problema pueden acudir a un adulto. Los ciudadanos se muestran muy concienciados y orgullosos de su nueva ciudad.

Antiguamente los mineros se acompañaban de canarios en su trabajo. Estas aves son especialmente sensibles al metano y al monóxido de carbono; que dejaran de cantar significaba que era necesario evacuar urgentemente la zona. Del mismo modo, el niño es un indicador ambiental sensible. Las ciudades en las que no se ve a niños jugando en las calles son ciudades enfermas, mientras que en las que sí es fácil verlos, son ciudades sanas.

Hacer las ciudades más seguras no solo beneficia a los niños, sino a todos los ciudadanos. Se suele decir que «para educar a un niño hace falta una tribu». También para educar a una tribu hace falta un niño.

Supera eso

En las escuelas libres los niños crecen en un ambiente sano, compartiendo juegos y descubrimientos, sin etiquetas ni coacciones. No pueden acabar odiando la aritmética o la geografía, porque ellos mismos van

[15] Muñoz, M. (2016, 13 de enero). «Por qué todas las ciudades miran a Pontevedra». *El Diario*. http://www.eldiario.es/paisajesurbanos/todas-ciudades-miran-Pontevedra_6_473212719.html

decidiendo a qué dedicar su tiempo dependiendo de sus intereses y su momento madurativo. Aprenden a reconocer y expresar sus sentimientos, a respetar a los demás. Resulta increíble ver a pequeños de tres años que acaban de discutir explicando cómo se sienten y llegando a un acuerdo. ¡Cuántos adultos no son capaces de hacerlo!

No siempre funciona todo como la seda en ellos, claro. A algunos niños les puede costar bastante tiempo tener en cuenta los límites. Pero el hecho de que a tan tiernas edades ya sean capaces de dialogar para resolver por sí mismos sus conflictos, debería hacer reflexionar a quienes juzgan con desprecio a estas escuelas sin haber puesto nunca un pie en ellas. Los que insisten en que la labor de la escuela es reprimir, aprender a obedecer a la autoridad e inculcar el valor del esfuerzo y la disciplina es porque nunca han visto a un niño aprender con alegría, afanándose por llevar a cabo un proyecto que él mismo ha decidido llevar a cabo.

Para los niños que asisten a estas escuelas no hay una diferencia radical entre el periodo lectivo y el tiempo libre, porque en el horario escolar ya están haciendo lo que quieren. Por eso, fácilmente, se llevan «deberes» a casa sin que nadie les obligue a ello. Clasificar minerales puede ser tan fascinante como jugar al yoyó, por lo que pueden querer continuar con la tarea todo el tiempo que puedan. Son como los adultos que realmente disfrutan con su trabajo: se toman vacaciones, pero estas no constituyen el sentido de su vida. No son un parche, ni una cura. No las esperan tan ansiosamente como quienes desempeñan un empleo que no realizarían si no fuera porque les pagan. Porque tanto los niños como los adultos que pasan sus días ocupados en tareas que no les interesan, acaban agotados. Al final del día, poco pueden hacer más que evadirse con los videojuegos o con la tele. Difícilmente sus neuronas pueden dar ya para algo más creativo.

Por eso, las familias que han probado esta educación suelen defender fervorosamente sus beneficios: sus hijos han podido experimentar, mancharse, decidir qué hacer cada día —construir un volcán con barro, realizar juegos matemáticos, dar saltos, disfrazarse de robot pirata...—. Pero sobre todo son niños que no dependen del adulto para que continuamente les marque los límites o les diga lo que tienen que hacer. Se trata de pequeños reflexivos, que argumentan sus ideas, que plantean soluciones de forma autónoma. La mayoría crecen siendo capaces de reconocer y expresar sus sentimientos de una forma asertiva. Ahí es nada.

Resulta más sencillo desarrollar este tipo de habilidades durante la infancia, en un clima de confianza. En medio de otros niños y gracias a la ayuda del acompañante, los conflictos se convierten en valiosas prácticas sobre cómo resolver las disputas dialogando. La escuela, tradicionalmente, ha olvidado este aspecto de la educación. Con razón, los *homeschoolers* se defienden de las críticas de que sus hijos no socializan respondiendo que socializar poco tiene que ver con ir al colegio, donde los niños solo pueden jugar y hablar entre ellos media hora al día en un patio de cemento[16]. En la mayoría de los centros, además, este es también el momento de descanso de los profesores, de forma que solo unos pocos de ellos quedan de guardia cuidando el recreo. Es imposible que estén al tanto de todo lo que ocurre, que aprovechen las distintas situaciones para enseñar a alcanzar acuerdos u observar los problemas de comunicación que puede tener un niño. Realmente, poco

[16] «La socialización de los niños (algo que siempre ha existido, aunque no tuviese nombre) se llevaba a cabo en el seno de la familia extensa y en el vecindario. Los niños se socializaban dentro de la sociedad. Se relacionaban con varios adultos (no solo con sus padres y profesores), y con niños de distintas edades (no solo con sus hermanos o sus compañeros de clase). Participaban en la vida cotidiana de los adultos, observaban sus actividades y escuchaban sus conversaciones (en las que tal vez no les permitían participar, pero de las que pronto entendían más de lo que sus padres pensaban). Tan solo a finales del siglo XX nos han intentado convencer de que la mejor manera de socializar a un niño es separarlo de la sociedad y de la familia y ponerlo en una sala con otros diez niños que no hablan y con un adulto solitario (habitualmente una adulta) que solo dice cosas para niños». González, C. (2013). *Creciendo juntos*. Madrid: Temas de Hoy.

más pueden hacer que actuar como bomberos apagando los fuegos más graves.

Afirman algunos profesores que enseñar a sus alumnos a relacionarse excede sus competencias, que esa educación la deben recibir en casa. Sin embargo, esta renuncia implica que el único espacio que les queda a los niños para poder relacionarse en grupo cada día quede desaprovechado. Hay docentes que se escudan en que no han recibido la formación adecuada —o incluso en que no les pagan para eso—, sin darse cuenta de que un niño que carezca de unas relaciones sanas difícilmente mantendrá una relación positiva con el resto de aspectos de su existencia. Si la labor de la escuela es preparar al alumno para la vida, la educación convencional, al centrarse solo en lo académico, se queda coja.

Esta es a la vez, pero a la inversa, la principal crítica que se vierte sobre las escuelas libres: que afirman que proporcionan una educación integral, pero en la práctica cojean en la parte académica. Los proyectos suelen defenderse alegando que en ellos se cumple el currículum, solo que de otra forma. También, que cuando se aprende por el propio interés, se produce un aprendizaje significativo, en lugar de una memorización a corto plazo para aprobar un examen, de modo que en ellos los niños aprenden tanto o más que en las escuelas normales.

En realidad, todo esto dependerá de cada niño: los hay que aprenderán menos y los hay que aprenderán más. En estas escuelas no se ponen límites a la curiosidad. Nunca se responde a una pregunta con un «eso ya lo verás el curso que viene». Pero tampoco se mete prisa: si un niño llega a los siete u ocho años sin haber mostrado interés por la lectura —no es lo habitual, pero se dan casos—, no se considera un problema.

Para muchas familias, sin embargo, sí lo es. Porque eso de respetar los ritmos puede sonar muy bonito, hasta que comprueban que su hijo en lectura o en matemáticas va rezagado respecto a otros niños de su edad. Conviene que los padres sean conscientes de todo esto y sean sinceros consigo mismos. Porque algunos piensan que dejando a sus hijos elegir, estos se dedicarán a aprender idiomas, a programar y a leer a Shakespeare. Que no solo aprenderán lo mismo que en una escuela convencional, sino más y mejor... ¿pero qué ocurre al ver que el vecinito que tiene dos años menos sabe mucho más de mates? Es el riesgo de educar en libertad, que el niño puede acabar haciendo con ella un uso no previsto. Y todo ello sin haberse saltado las normas. Puede también darse el caso de que por muy bien que a un niño se le dé la música, acabe prefiriendo ser abogado, o cartero. Aquí funciona como auténtica piedra de toque la siguiente declaración de Neill: «Prefiero que un niño salga de Summerhill como un barrendero feliz antes que como un primer ministro neurótico». Depende de las reacciones que suscite esta frase, una familia podrá ser más consciente de si realmente está buscando o no una escuela libre. Muchas, más bien, lo que querrían sería una escuela «amable». Un proyecto en el que no se etiquete a los alumnos ni se les bombardee a exámenes o deberes, pero haya conocimientos que se deban adquirir sí o sí —sea porque se consideran imprescindibles para poder continuar los estudios y/o encontrar un trabajo el día de mañana, o porque sin ellos difícilmente comprenderán la sociedad en la que viven—.

El rol que debe jugar el adulto es otro aspecto controvertido. En algunos proyectos se promueve que madres y padres participen activamente realizando talleres, haciendo de acompañantes en la medida que se lo permitan sus horarios y/o, si provienen de un país de lengua extranjera, enseñando a los niños su idioma. En otros, en cambio, se considera que su presencia provoca más conflictos —sus hijos pueden tener una actitud diferente cuando están ellos—, o que su manera de proceder no llega a ser del todo coherente con el proyecto pedagógico, por lo que se prefiere que no entren más que a realizar tareas de limpieza.

A la hora de tomar decisiones, la mayoría de los proyectos —especialmente si se definen como autogestionados— funcionan de forma asamblearia, tratando de llegar a consensos. (En proyectos creados por familias pueden surgir fricciones cuando las fundadoras consideran que su voto tiene más peso que el de las nuevas). En el día a día, el trabajo se reparte entre distintas comisiones: legal, tesorería, secretaría, mantenimiento, autogestión, difusión, etc.

Sobre cuál debe ser la labor de los acompañantes, se pueden encontrar también distintas visiones. ¿Deben hacer propuestas, o esperar a que las hagan los alumnos? ¿Tendrían que motivar, servir de ejemplo, o limitarse a estar de apoyo? ¿Exigir a los niños un compromiso mínimo, o dejarles hacer lo que quieran, aunque aparentemente no estén haciendo nada? Son cuestiones que surgen tarde o temprano en todos los proyectos, generando en ocasiones acalorados debates. Ocurre sobre todo en los que llegan más allá de infantil, ya que según se van acercando a la adolescencia, es frecuente que los alumnos dejen de tener una curiosidad tan omnívora. El interés por todo lo que les rodea pasa, en la pubertad, a focalizarse en el grupo, en las relaciones[17]. A algunos chicos, sencillamente, les entra la «flojitis». Todo esto puede generar tensiones en el proyecto si no hay consenso entre los adultos sobre cómo abordar el tema. Y es que, más allá de las dificultades legales, este es el mayor problema al que se enfrenta la educación libre: ser capaces de motivar y de poner límites sin recurrir a premios ni castigos.

---

[17] En muchos casos, el tiempo que el niño pasa en la escuela es el único momento que tiene de socialización. Y como esta una de las principales necesidades de los adolescentes, no es de extrañar que si se les deja elegir, lo que prefieran hacer sea estar con los amigos. Es algo que no ocurre en *Summerhill* o en *El león dormido*, donde los alumnos, al vivir allí y tener todo el tiempo del mundo para jugar, acaban queriendo realizar otras actividades. No sufren la carencia de relaciones que denunció Tonucci en *La soledad de los niños*.

No resulta nada fácil: la mayoría de los adultos, educados de forma tradicional, carecen de referentes. Se trata de educar no reprimiendo, sino acompañando, pero el no saber bien cómo hacerlo y el miedo a caer en el autoritarismo, pueden llevar al acompañante a un cierto bloqueo. Y es que una cosa es lo que se puede ver en un curso teórico, y otra enfrentarse a la realidad, donde hay niños que efectivamente tienen interés por casi todo, mientras que otros parecen no tenerlo por prácticamente nada. Dejarles a su aire, sin más, puede acabar convirtiéndose en una cuestión de fe —una fe que fácilmente se diluye con el tiempo—.

¿Cómo motivar a los niños que parecen haber perdido toda motivación? ¿Cómo lograr que adquieran destrezas y conocimientos que les posibilitarán una vida más plena y llegar a ser ciudadanos activos, si no se interesan por sí mismos y tampoco se les obliga? Neill tenía claro que si se deja a los niños elegir su actividad, muchos pasarán años dedicados fundamentalmente a jugar —que por otra parte, es lo que les toca—. Sin embargo, llegado el momento, los que tienen claro que quieren seguir estudiando dejarán el juego para preparar las materias que les permitirán pasar los exámenes oficiales, siendo capaces en poco más de dos años de alcanzar el nivel que a los alumnos de las escuelas normales les ha costado ocho.

Para Neill, de forma natural, querrán seguir estudiando los alumnos brillantes (*the bright ones*), mientras que el resto, después de los juegos, encontrará un trabajo para el que no se requieran habilidades académicas. En una escuela regida por la disciplina, incluso los alumnos relativamente malos (*comparatively poor scholars*) podrán pasar los exámenes, pero ¿a qué precio y con qué sentido? ¿No es mejor que se den cuenta en la escuela de que, como comúnmente se dice, «no valen para estudiar» (y de que tampoco serán felices desempeñando empleos que no son los más adecuados para ellos)?

Neill defiende que una de las virtudes de su escuela es que en ella los alumnos encuentran de forma natural su propio nivel. Hoy su forma de hablar puede sonarnos políticamente incorrecta, pero se esté de acuerdo o no con él, hay que agradecerle que no tuviera pelos en la lengua ni tratara de vender que todos los «summerhillianos» acabarían triunfando como emprendedores. Sus palabras, siempre provocadoras, pueden ser entendidas como un punto final o como un desafío:

> Abolid la autoridad. Dejad que el niño sea él mismo. No lo empujéis. No le enseñéis. No le sermoneéis. No le elevéis. No le obliguéis a hacer nada. Quizás no sea vuestra respuesta. Pero si rechazáis la mía, incumbencia vuestra es encontrar otra mejor.

Algunos proyectos coinciden con Neill y concluyen que los adultos deben abstenerse de enseñar. Los defensores del no directivismo a ultranza consideran que cualquier conocimiento que el niño necesite en un momento de su desarrollo, lo adquirirá por si mismo. Que es mero adultocentrismo —nacido de nuestros miedos y de que todavía estamos muy *«escolarizados»*— creer que los educadores pueden enseñarle algo[18].

No faltan críticos a esta visión. Opinan que cae en un utilitarismo ramplón, que la relación con el conocimiento pasa a ser consumista: el saber que importa se reduce al saber necesario en cada momento para la persona consumidora. Poco importa conocer la historia del Japón, a no ser que estemos planificando un viaje. Por eso pocos sabían, antes de que estallara la burbuja inmobiliaria, que en Japón habían pasado ya por lo mismo en los noventa, que también creyeron que el precio de los pisos

[18] Paradójicamente, algunas familias que optan por estos proyectos luego dan a sus hijos clases de refuerzo para que tengan un nivel académico más alto. La escuela es vista como un espacio donde aprender a relacionarse con los otros.

nunca bajaría y los tokiotas se hipotecaron de por vida para pagar pisos que acabaron valiendo la mitad de lo que les habían costado a ellos. Ciertamente, el que desconoce la historia, está condenado a repetirla.

¿Y cómo se interesará por Mozart un niño que no ha escuchado *La Marcha Turca* más que en un anuncio de bayetas de cocina? Porque Mozart —ya me perdonarán los melómanos—, no es lo que se dice necesario: se puede sobrevivir sin él, igual que sin el juego. Necesario, en sentido estricto, es respirar, dormir y comer y beber. Poco más. Por supuesto que se puede vivir sin la música, pero se tratará de una vida mucho más pobre.

> Pasa lo mismo con el placer de leer a Joanot Martorell, que no aparece por generación espontánea entre los niños catalanes, porque no viene implícito en sus genes. Solo aparece —si es que llega a aparecer— cuando ya se ha comenzado a leer a Joanot Martorell. Como prácticamente todo en la vida, de hecho.[19]

¿No directivismo o no intervención?

Otros proyectos, en cambio, defienden que «no directivismo» no es lo mismo que «no intervención», que los adultos no deben forzar, pero tampoco quedarse en *stand by*. Los niños aprenden a hablar y a caminar por sí mismos, pero gracias a que están rodeados de personas que hablan y caminan. En la adolescencia necesitan estar rodeados de personas empoderadas y activas, interesadas por distintos temas; quizás aún con más fuerza que en la infancia, puesto que están planteándose quiénes quieren ser. Si desde la escuela o desde la familia no se les ofrecen modelos motivadores,

---

[19] Luri, G. (2008). *L'escola contra el món*. Barcelona: La Campana. La traducción es mía, pero existe versión en castellano: *La escuela contra el mundo*, publicada por CEAC.

tomarán los que les muestran los medios de comunicación —que no son ni Hipatia ni Descartes, sino deportistas con cuenta en Panamá y famosas anoréxicas—.

En estos proyectos se entiende que la labor del acompañante es «tirar del hilo». Es decir: a partir de un interés inicial del alumno, llevarle a profundizar, de forma que, como todos los saberes están interconectados, acabe interesándose por muchos más temas. Porque cuanto más sabemos del mundo —ya sea de cómo se formaron los lagos, del significado oculto de un cuento de Borges o de la musicalidad de una lengua extranjera— más podemos disfrutar de él. Ese es el sentido de la transmisión del conocimiento, que idealmente sería la principal misión de la educación: ponernos en contacto con lo que puede ensanchar nuestra mirada.

Asistir por obligación a una clase de historia del arte en la que un profesor dicta con desgana unos apuntes, fácilmente desembocará en un desinterés total por el arte, que puede prolongarse de por vida. Si un docente no es capaz de transmitir un mínimo interés por su materia, sería mejor ahorrarse sus clases. Sin embargo, existe otra posibilidad que a menudo se olvida, y es que el adulto sí sea capaz de transmitir el interés a sus alumnos. El no directivismo no implica evitar hacer propuestas, sino impulsar que los aprendizajes sean vivenciales, relacionados con las propias motivaciones. Por ejemplo, en lugar de estudiar las reglas gramaticales aisladamente, se puede aprovechar que un niño ha escrito un cuento para comentarlas.

Hacer pan mezclando harina con agua y modelar figuritas para después meterlas en el horno, podrá resultar interesante a niños pequeños, pero es dudoso que motive a chavales de 10 años —además de que no hay quien le hinque el diente al resultado...—. En cambio, es más probable que se motiven si hacen pan de verdad, y si además de paso aprovechan para aprender sobre la acción de los microbios útiles, para comprobar cómo la levadura fermenta o para hablar de qué ingredientes son más saludables. Igualmente, jugar a química mezclando distintos elementos puede ser emocionante durante unos días, pero acabará por aburrir si no se da una reflexión posterior sobre los resultados, que conduzca a hipótesis que lleven a nuevos experimentos. Si un grupo de niños juega a montar una tiendecita en el patio, se puede aprovechar para trabajar las matemáticas, repartir las labores que realizará cada uno, pensar en lo que pueden necesitar los clientes, diseñar un folleto... pero si no hay por allí ningún adulto llevando a cabo propuestas, al día siguiente los niños ya estarán jugando a otra cosa.

Neill desdeñaba cualquier pedagogía, incluidas las activas, porque defendía que una vez que aparece el interés, la metodología es lo de menos, y que en ese interés el adulto ni pincha ni corta. Cabe sin embargo preguntarse cuántos alumnos de Summerhill no hubieran salido de allí amando el gótico o la botánica si los maestros de la escuela hubieran aprovechado las aportaciones de otros enfoques. Si un niño quiere aprender lo que es el sistema decimal, lo aprenderá con el método que sea, pero a edades tempranas, probablemente sea más adecuado utilizar materiales manipulativos. Tal vez, incluso niños con una pasión matemática innata acabarán aburridos después de una aproximación puramente teórica... los menos inclinados a los números pueden acabar concluyendo, de una manera un tanto fatalista que, simplemente, no es lo suyo.

Por eso, hay educadores que valoran a Neill como pionero, pero han llegado a la conclusión de que, si bien no se debe coaccionar ni sobreestimular a los chicos, tampoco hace falta irse al otro extremo y dejarles «en barbecho». Entre otras cosas, porque la escuela es siempre un medio artificial creado por unos adultos con unas motivaciones. Los niños pasan allí todos los días unas cuantas horas; inevitablemente, lo que encuentren o dejen de encontrar les marcará. Si estuvieran en la calle o en su casa, se toparían con otros estímulos. Tanto decidir adquirir unos determinados materiales o realizar un taller, como decidir no hacerlo, tendrá consecuencias en su desarrollo. Es imposible que los adultos se mantengan en una neutralidad pura. Incluso cuando nos abandonamos a lo que quiera venir —dice Ortega— hemos decidido no decidir.

Volviendo a tomar como ejemplo el sistema decimal, ¿qué les condicionará más: que se les enseñe o que no se les enseñe? ¿Por qué no enseñarles un sistema de numeración vigesimal, como el que utilizaban los mayas? La respuesta tendrá que ver con el contexto sociocultural. Porque la escuela nunca es neutra, no es una rueda girando en el vacío. Toda pedagogía es política, por acción o por omisión. Enseñar unos conocimientos u otros, o ninguno en absoluto, dependerá de lo que los adultos consideren que es preferible para un crecimiento sano. Sobre qué significa esto hay opiniones para todos los gustos.

Muchos proyectos que comenzaron en una línea no intervencionista, según ha pasado el tiempo y han visto crecer a los niños, han optado por incluir más talleres o pedir a los alumnos que establezcan ellos mismos sus itinerarios, comprometiéndose a dedicar un mínimo de tiempo a las actividades elegidas. En otros, se ofrecen clases magistrales para diferentes asignaturas al estilo Summerhill —es decir, voluntarias—, pero si un niño no se interesa por nada se intenta averiguar qué le puede estar ocurriendo. También están los que prefieren un enfoque más global y trabajan por proyectos.

Otros espacios han preferido introducir a lo largo de primaria elementos de otras pedagogías más estructuradas, como Montessori. Y los hay que han decidido desarrollar su actividad en espacios autogestionados, donde el intercambio con los adultos que allí desarrollan actividades —puede haber imprentas, emisoras de radio, talleres de artesanos y artistas, huerto comunitario, etc.— ya garantiza un ambiente variado y motivador. Una variante puede ser hacer frecuentes salidas para conocer el entorno: poder hablar con un trabajador social o con una concejala, ver cómo trabaja una panadera o un carpintero... conocer, en fin, lo variado que es el mundo, diferentes puntos de vista y actividades profesionales.

La escuela y la autoridad perdidas

En la actualidad, los niños que llegan a Summerhill tienen poco que ver con los que conoció Neill. Si en un principio la labor de la escuela fue conceder a los alumnos un espacio de libertad donde poder crecer sin el excesivo encorsetamiento de aquella época, hoy se han cambiado las tornas. Actualmente llegan a Summerhill muchos pequeños muy mimados, con los que el desafío consiste en hacerles ver que la libertad va asociada a la responsabilidad, que para poder vivir en sociedad se han de tener en cuenta una serie de normas. Los términos se han invertido y ahora es posible encontrarse a niños que tratan de manera despótica a sus familias. Los padres, por su parte, andan bastante perdidos. Algunos compran a sus hijos todos los regalos que piden y más, pero luego les obligan usando amenazas a comerse toda la verdura. La libertad ha acabado entendiéndose de una forma individualista, asociándose cerrilmente a libertad de mercado, a ocuparse únicamente de los propios deseos, que deben ser satisfechos de forma inmediata. Deseos, que a menudo, son generados por un anuncio.

¿Cómo defender a los niños de una sociedad que hoy no les concede más derecho que el consumo? Neill era, como todo hijo de vecino, fruto de su tiempo. Nació en la época victoriana, un periodo de una moral especialmente represiva que constituyó un terreno abonado para toda clase de neurosis. Su propuesta fue una reacción a este entorno. Hoy, por tanto, es de nuestra incumbencia encontrar otras respuestas.

Para algunos educadores, estas pasan por que el adulto contrarreste ciertos *inputs* sociales y cree así las condiciones para que el niño pueda concebirse a sí mismo como algo más que un comprador compulsivo. Para que descubra el valor de la espera, de las decisiones propias, del respeto a uno mismo y al otro. Para que desarrolle una conciencia crítica de la sociedad en la que vive y adquiera las habilidades y conocimientos que le permitirán desenvolverse en ella de la manera más libre y lúcida posible.

Vivimos en un mundo cada vez más complejo, hiperinformados, pero sin criterio a la hora de discernir entre múltiples teorías que a menudo se contradicen. Quienes afirman que «todo está en internet» y por tanto, ya no hacen falta maestros, no se dan cuenta de que en ese «todo» entra lo verdadero y lo falso, lo relevante y lo intrascendente.

Por eso es urgente que recuperemos el sentido original de algunos términos que para muchos han acabado siendo tabú. La palabra «autoridad», tan denostada, proviene del verbo latino *augere*, que significa hacer crecer. Relacionada con ella, «autor» (*auctor*) es el que crea, el que inventa. A lo que hoy entendemos por autoridad, los romanos lo denominaban *potestas*, el poder externo, impuesto por la fuerza. La *auctoritas*, en cambio, se relaciona con el reconocimiento de una capacidad. La autoridad nunca es impuesta, sino que es otorgada por los otros al maestro (*magister*), la persona que cuenta con más conocimiento y experiencia en un campo. Rechazar la autoridad de plano, por tanto, sin tener en cuenta este otro significado, implica tirar al niño con el agua del baño. Renunciar al saber de quienes podrían servirnos de anclas en medio de la vorágine de información. Porque no se trata de acatar su autoridad de forma acrítica, sino de darse cuenta de que son personas con criterio y lucidez que pueden sernos de especial ayuda para orientarnos y desarrollar nuestro propio pensamiento.

No es este el único término que ha sufrido una extraña transformación. De la palabra griega para ocio, σχολή (*scholé*), proviene nuestro vocablo «escuela», que originariamente significaba «lo que se hace en el tiempo libre», y más concretamente «aquello que merece la pena hacerse». Lo contrario que el «negocio» que sería lo que se hace no porque merezca la pena en sí, sino porque con ello nos ganamos las habichuelas.

Como veremos en el próximo capítulo, acabada la II Guerra Mundial, madres y padres de Reggio Emilia aunaron fuerzas para volver a levantar la escuela que había sido bombardeada. Con sus propias manos, limpiaron las piedras que quedaban de la edificación anterior para reutilizar las que aún servían, pero tenían claro que estaban construyendo una escuela muy diferente.

Tampoco nosotros partimos de cero. También es nuestra tarea ser capaces de discernir, entre las ruinas, lo que solo son escombros de lo que aún resulta valioso. Recuperar los significados que nunca debieron ser olvidados.

Capítulo 6:
Otros enfoques

Reggio Emilia

El niño tiene cien lenguajes, cien manos, cien pensamientos, cien formas de pensar, de jugar y de hablar, cien siempre, cien formas de escuchar, de sorprender, de amar, cien alegrías para cantar y entender.
[...] La escuela y la cultura separan la cabeza del cuerpo.
Le dicen al niño: que piense sin manos, que actúe sin cabeza, que escuche y no hable, que comprenda sin disfrutar, amar y maravillarse, solo en Pascua y Navidad.
Le dicen al niño: que trabajo y juego, realidad y fantasía, ciencia e imaginación, cielo y tierra, razón y sueños, son cosas que no pueden ir juntas.
Y entonces le dicen al niño que el cien no está allí.
LORIS MALAGUZZI

Tan solo habían transcurrido seis días desde el fin de la II Guerra Mundial, cuando las familias de una pequeña localidad cercana a Reggio Emilia decidieron que ellos mismos construirían y gestionarían la nueva escuela del pueblo. Para ello, reutilizaron las piedras que quedaban de la anterior, que había sido bombardeada. Gracias a unos caballos y un tanque que los alemanes se habían dejado en su huida consiguieron unos primeros fondos —no, no todas las comisiones de autogestión comienzan vendiendo calendarios—.

Les guiaba una clara conciencia de que esta nueva escuela debía educar de una manera diferente, que evitara que algo así volviera a suceder. Tras la experiencia del fascismo, habían comprendido la importancia de que la escuela ya no enseñara a obedecer de forma pasiva sino a pensar críticamente, a desarrollar la autoestima. Era necesario, además, que ayudara a sus hijos a superar la experiencias traumáticas que acababan de sufrir. Les acompañó en su aventura el pedagogo Loris Malaguzzi, a quien transmitieron la idea de que no podían fallar a los niños.

Durante los años 60, la sociedad italiana comenzó el éxodo del campo a la ciudad y las mujeres se incorporaron al mundo laboral. Hacían falta más colegios. El ayuntamiento de Reggio Emilia decidió entonces abrir nuevas escuelas municipales que tuvieron como modelo la escuela de Malaguzzi. Fue un hecho insólito en un país donde no existía tradición de escuela laica. Los centros católicos, que veían peligrar su monopolio, comenzaron junto a la prensa más conservadora una dura campaña de descrédito. Malaguzzi decidió entonces invitar al clero local a conocer las escuelas, y tras meses de intenso debate, ambas partes comenzaron a abrir vías de entendimiento. Las aguas volvieron a su cauce y los maestros pudieron continuar su labor. El número de centros no ha parado de crecer desde entonces.

Malaguzzi defiende que el niño posee múltiples maneras de comunicarse, *100 lenguajes*, de los que la educación elimina 99. En Reggio, por el contrario, se procura que las diferentes formas expresivas puedan manifestarse, por lo que todas las escuelas cuentan con un *Atelier* (taller). En él, los niños pueden encontrar pinturas, barro para modelar, cámaras fotográficas, una mesa de luz, un retroproyector... Un especialista en bellas artes es el responsable del taller. El arte no es aquí una «maría», ni se concibe como un descanso entre actividades más «serias»: su misión es romper esquemas y modelos, ayudando a los niños a desarrollar su sentido estético, a expresarse de distintas formas y a ver lo cotidiano desde otro punto de vista. Un mundo propio no se construye a base de fichas. El conocimiento colectivo, tampoco.

En Reggio, ética y estética se encuentran íntimamente relacionadas. El tallerista no busca que los niños hagan «manualidades monas» para deleite de los progenitores, sino que va mucho más allá. La actividad artística se entiende como una forma de profundizar en los procesos de aprendizaje, de crear conexiones entre la racionalidad y la imaginación. Si la escuela tradicional fomenta el predominio del hemisferio izquierdo del cerebro sobre el derecho, aquí se busca un desarrollo armonioso. Los niños descubren los distintos tipos de hojas saliendo al patio y observando las plantas. Pero además, pueden cogerlas y hacer con ellas una composición sobre una mesa con tapa de espejo. O mezclarlas con materiales reciclados para formar «minimundos», creaciones en miniatura en las que recrean espacios fantásticos o lugares reales que les han impactado. A veces, los minimundos tienen un efecto terapéutico, al servir a los alumnos para representar situaciones complejas que no han acabado de digerir. Reproducirlas de forma simbólica «les ayuda a organizarse, a reestructurarse física y mentalmente[1]».

El ambiente es concebido como un lenguaje más, que influye en la formación del pensamiento y las relaciones. Se trata de un espacio multisensorial, entendido como un laboratorio de aprendizajes, que favorece las relaciones. Las aulas dan a un espacio común: *la piazza*; las cocinas están abiertas; los amplios ventanales, las frecuentes salidas y la presencia de las familias favorecen la ósmosis con el entorno. Las escuelas son pequeñas, se respira en ellas un ambiente de serenidad, belleza y creatividad. Los niños pueden moverse libremente, salir al patio, encontrarse en la plaza o pararse a escuchar a una maestra que toca el violín. Se confía en los alumnos, y ellos responden con responsabilidad.

En estas escuelas, el niño es entendido como un ser fuerte y competente, con un deseo innato de aprender. Se rechaza la visión del infante como envase vacío a ser llenado de conocimiento. También aquella que lo

---

[1] Silvente, J. (2016, 13 de junio). «L'espai de mini mons a l'escola de Maçanet de la Selva». *Veure, pensar, sentir*. http://veurepensarisentir.blogspot.com.es/2016/06/lespai-de-mini-mons-lescola-de-macanet.html

entiende como un proceso de la naturaleza en el que se van cumpliendo diferentes etapas supuestamente universales, como ascendiendo una escalera hacia la madurez. No se comparte tampoco la idea utópica del niño como ser inocente y puro, que debe crecer en un ambiente protegido, libre de la contaminación del entorno. Por el contrario, en Reggio se pretende mejorar la sociedad, pero siempre con los pies en la tierra. El niño es concebido como un ser complejo e individual, coconstructor de conocimiento y de su propia identidad a través de sus relaciones con los otros y el mundo circundante. Parafraseando a Ortega, cada niño es él y su circunstancia.

Por esta razón, las puertas están abiertas a las familias y a la comunidad, que colaboran activamente en la escuela. Si se pretende que los niños crezcan como ciudadanos activos de una sociedad democrática, es imprescindible que estén en contacto con la sociedad. Todos los trabajadores de la escuela son considerados educadores, desde los maestros o el tallerista hasta el personal de limpieza y cocina. Por eso no ocurre como en otros centros donde las profesoras rechazan hacer uso de premios o castigos, pero después, en el comedor, las cuidadoras ponen «medallitas» a los niños que se acaban todo antes.

En su trabajo con los alumnos, los educadores se fijan más en lo que estos hacen que en lo que no hacen, en los procesos más que en los resultados. Los niños tienen tiempo de ser niños, todo lo que se hace tiene un sentido, no se trata de contentar a «familias-cliente» que solo buscan resultados[2]. Buena parte del aprendizaje se lleva

---

[2] «La otra enfermedad contagiosa es someter a los niños y niñas pequeños a métodos de estimulación precoz a través de los conocidos «bits de inteligencia». Estos no son tanto formas de desarrollar potencialidades de niños y niñas, cuanto un medio para convertirlos en una mercancía con la que poder vender estos «espectaculares» métodos. Malaguzzi —pedagogo inspirador de la experiencia educativa reggiana— afirma que esto es algo peligrosísimo porque roba los tiempos que la naturaleza ha dado a la infancia empujándola hacia una serie de aprendizajes —meramente instrumentales—, que

a cabo a través de proyectos, que permiten a los niños explorar, hacerse preguntas y compartir ideas.

La escuela ayuda a los alumnos a encontrar un significado a lo que experimentan, teorías interpretativas sobre el mundo que les rodea. Teorías que se rehacen en contacto con el entorno. Teorías que al ser explicadas a otros permiten compartir el mundo propio. Por eso, una pieza fundamental en Reggio es la «pedagogía de la escucha». La capacidad de escucharse a uno mismo, escuchar al otro y la expectación de ser escuchado es la base de la verdadera comunicación. La escuela es entendida como «un contexto de escucha múltiple»: frente a un concepto vertical de la educación, se defienden tanto el autoaprendizaje como los aprendizajes provenientes del intercambio de ideas en el grupo.

Relacionada con la escucha, aparece la necesidad de documentar lo que ocurre en la escuela. Esta «escucha visible» (que incluye fotografías, vídeos, transcripciones de las opiniones de los alumnos, etc.) permite dejar constancia de los aprendizajes. Niños, maestros y familias pueden ser así más conscientes de la evolución que han seguido.

En la actualidad, Reggio Emilia es un referente a nivel internacional. En España, las escuelas municipales de educación infantil de Pamplona se basan en esta aproximación, que cada vez inspira a más centros de otras localidades. Sin embargo, desde Reggio siempre se defiende que su enfoque es una filosofía —que en cada lugar podrá adaptarse de una manera u otra— más que una pedagogía. No se trata de un sistema

---

son los que algunas familias, injustamente, solicitan para —en algunos casos— lucir espectacularmente a sus hijos e hijas; y son los que algunos maestros y maestras sin criterio aplican reproductoramente en sus aulas. Esta visión solo instrumental de la infancia trata de amaestrar o adiestrar a las criaturas que quedan reducidas a animales de circo. Los niños y niñas, de esta manera, pueden perder su iniciativa y su cultura en la forma original de ver el mundo». HOYUELOS, Alfredo. «Ir y descender a y desde Reggio Emilia». *Participación Educativa*, n.º 12. http://www.mecd.gob.es/revista-cee/pdf/n12-hoyuelos-planillo.pdf

cerrado, con materiales específicos, certificaciones o formaciones oficiales, sino de una mirada hacia la infancia. Los maestros continuamente cuestionan su propia labor, preguntándose sobre lo que hacen y su sentido. La formación es continua y está incluida dentro del horario laboral. En cada aula llevan a cabo su labor conjuntamente dos profesoras (parejas educativas), que pueden así trabajar con pequeños grupos, darse apoyo y compartir impresiones. El intercambio de opiniones se considera fundamental; tanto los niños como los adultos aprenden conjuntamente.

> Los niños, naturalmente dispuestos a interaccionar entre ellos, no descubren el arte de hacerse amigos o maestros entre ellos extrayendo los modelos del cielo o de los libros. Los extraen interpretando los modelos que los maestros y los adultos ofrecen cuando estos saben estar, trabajar, discutir, pensar e investigar juntos (cuanto más, mejor)[3].

La figura de Malaguzzi resalta especialmente en estos tiempos poblados de vendedores de humo. Fue un educador con los pies en el suelo que siempre reconoció agradecido sus múltiples influencias —entre las que se encontraban no solo pedagogos, sino también sociólogos, filósofos y artistas—, sin caer por ello en la veneración. Tampoco la hubiera querido para él. Su preocupación por la infancia era sincera, sin un ápice de sensiblería ni de maniqueísmo. Nunca denigró otros modelos para hacer valer el suyo. Tal vez por eso, en estos días en que muchas familias parecen buscar que les vendan fórmulas mágicas que les aseguren que sus hijos se convertirán en genios —o al menos en fundadores de *startups* o actores famosos—, su propuesta no es tan conocida como merecería.

---

[3] Malaguzzi, (2011)

Freinet

Quizás fuera preferible que no hubiera ninguna escuela a tener una que deforme los espíritus para hacerlos esclavos, que enseñe dogmáticamente para evitar pensar, que reprima y aniquile con frecuencia toda actividad personal.
CÉLESTIN FREINET

Célestin Freinet fue un maestro de pueblo que desarrolló su metodología a partir de su práctica cotidiana. Esto provocó que en su época se tachara su propuesta de poco científica y rústica. Freinet, sin embargo, no partía de cero, sino que bebía de los postulados de la Escuela Nueva. Su aportación consistió en adaptar la obra de estos pensadores —entre los que no se encontraba ningún maestro— a escuelas populares. Hacía falta convertir la teoría en una práctica que consiguiera transformar efectivamente la escuela.

No fue un camino fácil. Aparte de los medios tan precarios con que contaban las escuelas rurales de la primera mitad del siglo XX, se encontró con cortapisas que lamentablemente suenan muy actuales: «El control estatal sobre los educadores asalariados es estricto, y cualquier fidelidad al espíritu o al ejemplo de los grandes pedagogos es cortada apelando al sentido de realidad[4]». Paradójicamente, Freinet se vio abocado a crear su propia escuela al margen del sistema público, como única forma de ofrecer a los hijos de las clases populares la educación que consideraba que merecían.

La pedagogía de Freinet critica la acumulación de información, frente a la que defiende una construcción de conocimientos y competencias para la vida. La educación es concebida como el desarrollo integral de la persona. Freinet evitó siempre calificar sus propuestas de «método», porque las concebía no como algo rígido y estático, sino como unas técnicas dinámicas, adaptables

---

[4] Freinet, Elise (1982). *Nacimiento de una pedagogía popular*. Barcelona: Laia.

a distintos contextos. Las técnicas se apoyan en ideas como la importancia del medio social, la cooperación, la educación por el trabajo y la experimentación. Muchas de ellas continúan siendo utilizadas hoy en día, incluso por profesores que desconocen su origen.

La *imprenta escolar*, por ejemplo, se popularizó gracias a Freinet, y está relacionada con otra de sus técnicas: el *texto libre*. Este último, como su nombre indica, consiste en escritos elaborados por los alumnos que nada tiene que ver con los típicos deberes. En lugar de concebirse como una obligación, el niño realiza esta tarea de forma voluntaria, cuando tiene algo que compartir con sus compañeros —sea un descubrimiento, una excursión, un cuento, etc.—. Escribir pasa así de verse como una imposición a lo que verdaderamente es cuando se realiza libremente: un gozo. Porque si algo tenía claro Freinet —es una de sus «invariantes pedagógicas»— es que a nadie le gusta que le manden lo que tiene que hacer[5].

La imprenta permite reproducir estos textos, que son corregidos colectivamente e impresos por los propios alumnos. Al publicar su propio diario escolar, los niños practican lengua, dibujo, trabajo en equipo, etc., pero además se sienten parte del medio social, al compartir con otros su realidad. El trabajo les permite valorar más la labor de los periodistas a la vez que desmitificarla: un

---

[5] Freinet ya hablaba de límites y reconocía el valor de la disciplina, pero una disciplina no impuesta, sino asumida como la forma de hacer posible la convivencia. En la práctica educativa se debe permitir al alumno llevar a cabo sus propias elecciones en la medida de lo posible. Por ejemplo, puede considerarse beneficioso que aprenda geometría, pero esto puede conseguirse proponiéndole diferentes ejercicios y dejándole elegir los que prefiere hacer. Esta es la base de los denominados «planes de trabajo». Las tareas impuestas, por el contrario, tienen como efecto o bien que el alumno se rebele, o que las acate más o menos pasivamente para no meterse en líos. Ninguna de las dos opciones parece una relación muy sana con el aprendizaje... Freinet fue así mismo el primero en proponer la abolición de la tarima. Tras su propuesta no había «postureo», sino el deseo de abolir uno de los símbolos de la autoridad impuesta desde arriba. El maestro debía situarse a la altura de sus alumnos, poder mirarles a los ojos, en lugar de situarse aparte y por encima, algo que acentuaría la sensación de división entre unos y otros. En la película de 1949 *L'ecole buissonniere*, basada en la vida de Freinet, el profesor encarga a uno de los chicos que haga trizas la tarima, al considerarla más útil para alimentar la estufa. Se puede encontrar en YouTube.

diario no es otra cosa que una tarea colaborativa, que ellos pueden igualmente llevar a cabo.

En la misma línea, los «ficheros escolares» también bajan de su pedestal al libro de texto, que deja de ser la única fuente de conocimiento. Mucho antes de la irrupción de internet, estos ficheros ya funcionaban como una «base de datos» colectiva, donde los alumnos recopilaban información sobre los más variados temas a partir de distintas fuentes. Otra de sus técnicas, la «correspondencia interescolar», permite a alumnos y profesores intercambiar impresiones, explicaciones sobre costumbres locales o sobre actividades escolares, con miembros de otras escuelas. La «geografía viva» se basa en el conocimiento del medio mediante «clases-paseo», encuestas y entrevistas. Y de manera similar, el «cálculo vivo» consiste en un acercamiento a las matemáticas basado en actividades concretas. En las clases de Freinet, los niños aprendían que sin ellas no es posible calcular cuántas semillas es necesario comprar, o cómo calcular el precio de coste de los productos, medir los campos, etc. La «asamblea» es el espacio destinado a que los alumnos resuelvan conflictos, revisen cómo va el curso y planifiquen nuevos proyectos.

En la actualidad, pocas escuelas se basan totalmente en las técnicas Freinet, si bien su huella es palpable en muchos maestros, sobre todo de la pública, agrupados en torno al *Movimiento Cooperativo de Escuela Popular*. Su influencia también se encuentra en pedagogos posteriores, como Malaguzzi o Tonucci. Las técnicas se han transformado o adaptado —la correspondencia escolar se puede realizar actualmente por email y muchos centros no cuentan ahora con imprenta sino con emisora de radio— pero continúan inspirando a escuelas innovadoras de todo el mundo.

Comunidades de aprendizaje

No existe desfase entre el enseñar y el aprender, pues ambos implican un descubrimiento propio y ajeno.
PAULO FREIRE

A algunas personas, el término «éxito» les puede resultar chirriante, debido a que suele emplearse tanto en el marketing de los centros más elitistas como en la defensa de políticas segregadoras. Por eso, llama la atención que también forme parte de la forma en que se definen las «comunidades de aprendizaje», uno de los modelos de escuela integradora que mejor está funcionando en la actualidad, fundamentadas en las llamadas «actuaciones educativas de éxito».

Las comunidades de aprendizaje son un intento de reformar la escuela teniendo en cuenta las críticas que han vertido sobre ella autores como Freire, que juzgaba la pedagogía tradicional como una educación bancaria. Como ya comentamos en el capítulo dedicado a la educación libre, esta forma de entender la pedagogía ve a los alumnos como vasijas vacías en las que el maestro deposita el saber, que es almacenado para posteriormente volcarse en un examen. En este proceso, el educador sería el único poseedor de conocimientos, mientras que los educandos se convierten en sujetos pasivos —que obtendrán mejores resultados cuanto más dócilmente se dejen llenar—.

Frente a este planteamiento, las comunidades de aprendizaje proponen un acercamiento horizontal al conocimiento. De forma similar a enfoques como el constructivismo o Freinet, aprender se convierte en un proceso activo y colaborativo.

¿Cuál es entonces la particularidad de las comunidades de aprendizaje? Que se hace un mayor hincapié en la construcción colectiva del conocimiento. Los alumnos aprenden en colaboración con otros alumnos, con el maestro y con otros adultos. La relación con la comunidad resulta fundamental: las puertas están siempre abiertas a familias, vecinos y asociaciones del barrio. Y esto no es una metáfora o meras buenas intenciones, sino que el modelo no funcionaría si las puertas estuvieran abiertas pero nadie las traspasara.

Madres y padres pueden acudir al centro para hacer talleres de lo que sepan (sea francés, bereber, guitarra o yoga). Algún jubilado se acerca para explicar cómo prevenir las plagas en el huerto. Estudiantes del instituto cercano —algunos antiguos alumnos— participan como voluntarios que ayudan a los más pequeños con la lectura. Desde una asociación deportiva, un socio puede proponer explicar la historia y las reglas del baloncesto. Si para algún proyecto se necesitan conocimientos avanzados de electricidad, un padre electricista se encarga de echar una mano. Una madre marroquí puede enseñar a preparar té con menta a otras familias, y además contarles historias de su país. Luego, podrá asistir a las clases de alfabetización que se dan en el centro.

El hecho de que las familias se impliquen de forma activa en la educación, contribuye a que lo se enseña tenga un sentido para los niños; no se trata de un conocimiento que les explica alguien ajeno. Lo mismo ocurre cuando un niño ve que quien le ayuda con la lectura es un alumno del instituto que en su tiempo libre ha optado por hacerse voluntario. La educación pasa de ser algo impuesto desde arriba, a contribuir al desarrollo de vínculos, de un sentimiento de solidaridad.

La idea puede recordar la propuesta de Iván Illich de crear centros donde cualquiera pueda acercarse al conocimiento, sea cual sea su edad, nivel u objetivos, y donde a la vez, quien quiera compartir lo que sabe, pueda hacerlo. Sin embargo, Illich criticaba que existiera un currículum obligatorio y las comunidades de aprendizaje son centros educativos a los que se les exige seguirlo. Eso sí, se trabaja de una manera más flexible. No se siguen libros de texto, sino que se trabaja por proyectos teniendo en cuenta lo que motiva a los alumnos. Al final, las competencias básicas se adquieren igualmente —en algunas, como comprensión lectora, incluso se supera el nivel medio— pero utilizando otras dinámicas.

Muchas comunidades de aprendizaje han surgido en entornos con una tasa de inmigración alta, en los que los docentes se dieron cuenta de que no todos los alumnos compartían los mismos conocimientos y por tanto no podían estudiar al mismo ritmo en la forma tradicional de seguir un libro de texto. Los alumnos nuevos a menudo no comparten ni siquiera el mismo idioma, pero eso no significa que lleguen vacíos, ya saben muchas cosas. Solo les hace falta un lenguaje común para poder expresarlas y sentirse parte de la comunidad. Interculturalidad e integración son pues pilares de estos centros, y se extienden no solo a los alumnos sino también a sus familias, que pueden acudir tanto a aprender como a enseñar. En lugar de sentirse rechazados por ser extranjeros, sienten que sus diferencias son valoradas, que se les invita a compartirlas.

El colegio es entendido como una gran familia. Se defienden las relaciones horizontales y se da confianza a los niños, lo que facilita el aprendizaje. Por ejemplo, un grupo de alumnos puede elaborar propuestas para la reforma del patio. Los niños aportan otro punto de vista, con ideas y necesidades que pueden no habérseles ocurrido a los maestros.

Una de las denominadas «actuaciones de éxito» son los «grupos interactivos». La participación de voluntarios permite dividir la clase en grupos de 5 o 6 niños, obteniéndose así las ventajas de trabajar con ratios bajas. Estos grupos son siempre heterogéneos, para que los alumnos puedan ayudarse entre ellos y nadie quede rezagado. Cada media hora, los niños realizan una actividad a cargo de un adulto diferente. Por ejemplo, en clase de matemáticas, mientras en una mesa se resuelven problemas, en otra se puede trabajar la geometría, en otra el cálculo y en otra el concepto de volumen usando policubos. Al final de la clase, todos los grupos habrán pasado por las cuatro propuestas. Se trata de actividades cortas y concretas que permiten aprovechar bien el tiempo y que todos participen. Los últimos minutos se dedican a la evaluación, y se comprueba en el mismo momento si los alumnos han comprendido el tema.

En las «tertulias dialógicas» los alumnos exponen su opinión sobre el tema que se esté trabajando —puede ser desde un libro que se esté leyendo, hasta un descubrimiento científico o una escultura—. Cada uno puede explicar lo que le ha llamado la atención, o relacionarlo con la época en que surgió o con temas tratados en anteriores tertulias. El conocimiento se va articulando a partir del diálogo.

Aprendizaje basado en proyectos (ABP)

El conocimiento no es algo separado que se baste a sí mismo, sino que está inmerso en un proceso por el cual la vida se sostiene.
JOHN DEWEY

El aprendizaje basado en proyectos constituye una propuesta que permite trabajar las distintas materias de una manera integradora. Implica la colaboración de estudiantes de distintos niveles y habilidades a los que se evalúa, no según unos mínimos prefijados, sino teniendo en cuenta su interés, su esfuerzo y su capacidad de trabajar en equipo. Lo ideal es que el tema de los proyectos parta de los interés de los alumnos, si bien se puede ayudar a despertar este interés invitando a algún experto a que dé una charla, realizando un viaje o planteando retos. En algunos centros, sin embargo, son los profesores los que seleccionan algunos temas entre los que los alumnos pueden elegir.

Todo proyecto parte de un reto inicial. Puede surgir de una pregunta tipo «¿Cómo llega el gas desde su origen hasta las casas?» que implicará un trabajo de investigación, la puesta por escrito de las conclusiones

—que incluirá mapas, gráficas, etc.— y una exposición. Por el camino, varios profesores —física, geografía, lengua...— habrán guiado a los alumnos.

Otro proyecto puede consistir en construir un juego de preguntas y respuestas tipo *Conector*. Llevarlo a cabo implica realizar el boceto, cortar y ensamblar los materiales, montar el circuito eléctrico, estudiar los temas a tratar, redactar las preguntas y respuestas, maquetarlas, preparar un diseño para la caja y, finalmente, presentarlo en público al resto de los compañeros. Para desarrollarlo habrá hecho falta repartirse las tareas, tener en cuenta la fecha de entrega y comprobar que todo funciona correctamente.

Los proyectos también pueden basarse en actividades profesionales. Por ejemplo, crear la página web de una agencia de viajes ficticia. La tarea requiere, además de diseñar la web, dotarla de contenidos: redactar una descripción de las rutas ofertadas, incluir información sobre moneda, clima o consejos de vacunación... Los precios de los diferentes *packs* se calculan basándose en datos reales, lo que requiere buscar y comparar tarifas de vuelos y hoteles, entre otros gastos[6].

Estudiar un país e investigar así su clima, sus monumentos más importantes y su geografía implica un acercamiento vivencial, que consigue que el conocimiento se grabe más profundamente en la memoria. Es importante, sin embargo, que se dé un seguimiento por parte del profesor. Si realizar un trabajo sobre un país se acaba reduciendo a un «copiar y pegar» la entrada de la Wikipedia y añadir una foto, la práctica resulta tan absurda como suponía aprenderse de memoria unos pocos datos inconexos. Por eso es necesario que los proyectos estén bien programados, de forma que requieran análisis y reflexión. Resulta

---

[6] Estos dos últimos ejemplos son proyectos reales que llevan a cabo los alumnos del primer ciclo de ESO del Institut de Sils.

imprescindible plantearse «qué» se quiere enseñar, «para qué» y «cómo».

Otro problema que puede darse si no se tutorizan adecuadamente, es que las tareas no se repartan de forma consensuada sino que sea el «mandón» del grupo el que decida quién hace qué —para eso, claro, sería mejor que lo decidiera el profesor—. Y es que, algo que debe tenerse en cuenta en todas estas metodologías menos directivas es que la libertad no es algo que pueda «soltarse» a los alumnos sin más, sino que resulta esencial enseñar a hacer un buen uso de ella.

En 2015, los jesuitas de Cataluña anunciaron a bombo y platillo que derribaban los tabiques de sus aulas para sustituirlas por salas diáfanas y así comenzar a trabajar por proyectos. Asignaturas, exámenes y horarios fueron eliminados —los niños disfrutan de libertad de movimientos y pueden incluso salir al patio cuando quieren—. No eran los primeros en seguir esta metodología, pero la noticia tuvo tal eco mediático que otros centros han seguido la estela.

Inteligencias múltiples

La teoría de las inteligencias múltiples de Howard Gardner defiende que no hay una única inteligencia, sino varias (lingüístico-verbal, lógico-matemática, viso-espacial, musical, corpóreo-cinestésica, intrapersonal, interpersonal y naturalista). Tradicionalmente, la escuela ha primado la lingüística y la matemática, lo que ha conllevado que los alumnos que no destacaban en ellas se sintieran fracasados.

Para Gardner, la labor de la escuela debería ser impulsar el desarrollo de las distintas inteligencias, sin primar unas sobre otras. Cuando los niños pueden alcanzar metas relacionadas con su tipo de inteligencia, crecen sintiéndose más competentes e inclinados a participar constructivamente en la sociedad. Se trata de valorar las fortalezas de cada alumno más que sus carencias; de evaluar cuál es su inteligencia predominante para poder llegar mejor hasta él, pero trabajando a la vez el resto de las inteligencias para que también se desarrollen.

A pesar de que la teoría ha sido criticada por la psicología científica, en la actualidad se sigue con buenos resultados en algunas escuelas. En ellas se emplean variadas estrategias didácticas a la hora de tratar un mismo tema. Por ejemplo, al explicar el principio de Arquímedes se puede leer su enunciado, analizar su fórmula, realizar experimentos con diferentes objetos y líquidos, evaluar los resultados en grupo, etc[7].

El aprendizaje basado en proyectos resulta muy adecuado para trabajar las diferentes inteligencias. Tener que resolver un problema complejo requiere poner en práctica distintas habilidades. Todos los alumnos pueden sentirse motivados al comprobar que pueden realizar contribuciones útiles basadas en su punto fuerte. Y todos, por supuesto, trabajan también la inteligencia interpersonal. La evaluación se adapta también a las diferentes inteligencias, ya que los alumnos pueden ser evaluados mediante una prueba escrita, oral, práctica...

Aun sin seguir abiertamente esta teoría, muchos proyectos apuestan por trabajar no solo la inteligencia lógica, sino también la emocional y la social. Aprender a reconocer y gestionar las emociones, a relacionarse con los demás desde el respeto y mantener una relación de automotivación con el conocimiento son piezas clave del desarrollo integral de la persona. Quienes valoran únicamente el aprendizaje académico, no son conscientes de que este puede verse afectado cuando el resto de inteligencias no son tenidas en cuenta.

---

[7] Ejemplo tomado del artículo de Jesús C. Guillén *Inteligencias múltiples en el aula*. https://escuelaconcerebro.wordpress.com/2013/05/05/inteligencias-multiples-en-el-aula/

Amara Berri

A veces decimos: hay que motivarle. Pero de hecho ya tiene su propia motivación. Lo importante es que la escuela y la actividad en sí estén planteadas de tal manera que conecten con sus intereses y permitan que estos afloren.
LOLI ANAUT

El primer colegio público Amara Berri fue creado en Donostia en 1979, gracias al impulso de Loli Anaut. Actualmente, la red cuenta con 21 centros, la mayoría en el País Vasco. En sus aulas, el aprendizaje no se centra en el libro de texto, sino que se aprende a través de experiencias en las que las materias están interrelacionadas. Se pueden trabajar las matemáticas, por ejemplo, con un mercado simulado, o la lengua preparando los programas para la emisora de radio escolar. Los niños desarrollan responsabilidades ocupándose de tareas reales como el préstamo de libros de la biblioteca o la gestión de la web del colegio.

La mezcla de edades se valora como un elemento que amplía la diversidad, del mismo modo que enriquece relacionarse con personas de distinto sexo y de diferentes culturas. En un aula con alumnos de la misma edad, un profesor puede a primera vista tener la impresión de que se encuentra frente a un grupo homogéneo, mientras que si las edades son variadas, resulta obvio que no se puede hacer lo mismo con todos. La diferencia de edades tampoco es exagerada (dos años), pero es suficiente como para que los niños puedan ser un curso los pequeños, y al siguiente —cuando los mayores pasan al siguiente ciclo— los de más experiencia. Los niños nacidos a finales de año, que estadísticamente obtienen peores resultados, se benefician especialmente de este modelo, pero en general es útil a todos. Al comienzo de un nuevo curso, cada uno debe resituarse, adoptar un rol diferente. Aparecen nuevas amistades y se rompen estereotipos anteriores.

Se respeta la individualidad y el ritmo de cada alumno, a la vez que se fomenta el trabajo en grupo y el desarrollo de competencias sociales. En lugar de haber pupitres alineados, las aulas se encuentran divididas en varios espacios en los que distintos grupos de niños aprenden juntos y aprenden haciendo. Valores como convivencia e integración no son aquí conceptos vacíos. Un ejemplo: al respetar las diferentes maneras de aprender, los alumnos sordos pueden compartir las aulas con normalidad. Los niños tienen confianza con sus profesores para exponerles problemas que han detectado en otros niños, y aprenden a juzgar los trabajos de los compañeros de una manera constructiva.

En lugar de compartimentar el mundo en asignaturas se defiende que la escuela no es algo diferente de la vida, y que en la vida aprendemos con situaciones reales. Un niño puede escribir un cuento y luego pedir a sus compañeros que anuncien por la radio que lo leerá al día siguiente y que todos están invitados. Para él supone un momento emocionante, de compartir, y ensaya a conciencia para que todo salga bien. Un esfuerzo entendido no como obligación, sino como realización. Un trabajo con un propósito que no es ajeno al niño.

Pikler

Al finalizar la II Guerra Mundial muchos niños habían quedado huérfanos. Como directora del orfanato Lóczy de Budapest, Emmi Pikler se planteó cómo ofrecer a estos pequeños un cuidado que les permitiera desarrollarse de una forma sana a pesar de criarse en una institución de estas características.

Partiendo de sus observaciones, Pikler llegó a la conclusión de que, frente a la creencia tradicional, los niños pequeños eran seres activos y con iniciativa. Apoyándose en esta idea defendió que el adulto no debe restringir ni forzar el desarrollo motor del bebé sino proporcionarle un ambiente preparado, libre de peligros, en el que pueda ir desplegando sus potencialidades a medida que se sienta seguro. Según estas ideas, sería perjudicial, por ejemplo, la muy extendida costumbre de «ayudar» al niño a aprender a andar, con el adulto ofreciendo sus manos para que se sujete. Los niños que no son ayudados pueden tardar más en lanzarse a caminar, pero cuando lo hacen tienen mayor seguridad y sufren menos caídas.

Para Pikler, también es muy importante que el niño tenga una educadora de referencia, que reconozca como la persona que le cuida y con la que pueda establecer un vínculo afectivo.

Educación creadora

El niño no dibuja para comunicar. No dibuja para mostrarnos algo. Dibuja para construir un mundo que es suyo, solo suyo, libre de cualquier intrusión.
ARNO STERN

Entre 1966 y 1972, Arno Stern viajó a lo largo y ancho del planeta para estudiar qué tipo de objetos representaban los niños de pueblos que aún no habían tenido contacto con la cultura occidental. Después de encontrar patrones comunes en lugares muy alejadas, su conclusión fue que la expresión creativa de los niños, cuando no es condicionada por los adultos, se rige por unas normas universales, a las que denominó «Formulación».

En su *Closlieu* de Paris, Stern continúa hoy día facilitando a niños y mayores las condiciones para que puedan pintar libremente. Sin miedo a juicios y sin buscar alabanzas, aunque algunos pueden tardar un tiempo hasta abandonar los modelos que han aprendido en la escuela y ser capaces de expresarse a sí mismos.

Una vez acabados, los dibujos se quedan allí; es la forma de realizarlos sin la intención de que luego los entienda un receptor. O de que una abuela entusiasta comience a fantasear con que su nieto pinta como Barceló. Se realizan únicamente por el placer de hacerlos. No tienen nada que ver con el arte ni con la arteterapia, aunque en cierto modo previenen la necesidad de terapia, al permitir una forma de expresión que habitualmente permanece castrada. Es frecuente que a partir de cierta edad, los niños dejen de dibujar, convencidos de que «no saben» —un sinsentido similar a que dejaran de hablar si en su entorno no se les ve un futuro como oradores—.

Actualmente se pueden encontrar talleres de expresión inspirados en las propuestas de Stern en diferentes países. Su apuesta por huir de modelos y desarrollar la autonomía es muy valorada por numerosas escuelas activas.

Educación lenta

Del mismo modo que el *slow food* es una reacción a la comida basura y al frenesí de la vida moderna, la educación lenta supone una reacción frente a la educación bulímica. Esta consiste en atiborrarse de contenidos, que se tragan casi sin masticar, para luego vomitarlos en un examen; y vuelta a empezar.

La educación lenta propone que la escuela regrese a un ritmo más sosegado, donde impere la calidad por encima de la cantidad. Vivimos en una sociedad en la que prima la aceleración, el consumo desenfrenado, donde lo que valía ayer ya no vale hoy. El progreso se identifica con un crecimiento económico constante que no tiene en cuenta que los recursos disponibles son limitados. Esta aceleración un tanto inconsciente se contagia a distintos los ámbitos de nuestra vida, incluida la educación.

La también conocida como «pedagogía del caracol» es una reacción a tanta prisa. Como otras pedagogías activas, entiende que cada alumno tiene un ritmo, y que este no se puede forzar —no solo por respeto al niño, sino además porque de otra forma no se aprende de verdad—. Rechaza la compartimentación que suponen las asignaturas, los horarios fragmentados y los currículums sobrecargados.

A la pedagogía lenta le pierde el nombre; hay quienes critican sin mucho conocimiento de causa que renuncia a sacar lo mejor de cada niño, que consiente cierto «pachorrismo». Por eso, algunos autores prefieren referirse a ella como «escuela serena[8]», un término que le hace más justicia puesto que no da a entender que se explica lo mismo pero más despacio. En lo que consiste, en realidad, es en respetar los ritmos de los alumnos, en profundizar y en relacionar los distintos temas, y en el rechazo a un conocimiento superficial, de usar y tirar, válido solo para aprobar exámenes.

Tomarse su debido tiempo resulta además un elemento imprescindible cuando hablamos de creatividad:

> Aunque existen muchas metáforas empleadas por los creadores para describir su proceso, ninguna es tan frecuente como la de la gestación. Tener una idea es lo más parecido a tener un hijo, dicen. Es algo que requiere una semilla para originarse, un útero para crecer en un medio seguro, nutritivo pero inaccesible. El progenitor es el anfitrión que hace posibles las condiciones para el crecimiento, pero no es el «fabricante». Los hijos se «tienen», no se «hacen», y lo mismo sucede con las ideas y la inspiración. La gestación tiene sus propios tiempos: tanto psicoanalítica como físicamente es el proceso por excelencia que no puede acelerarse ni controlarse; una vez puesto en marcha, sigue su propio ritmo y, a menos que se produzca un grave contratiempo o una intervención, continúa hasta llegar a término[9].

La obsesión por los resultados ha alcanzado incluso a la universidad. A falta de recursos públicos, los proyectos de investigación están comenzando a ser patrocinados

---

[8] Carbonell, (2016)

[9] Claxton, G. (1999). *Cerebro de liebre, mente de tortuga*. Barcelona: Urano.

por empresas que los ven como una inversión. La consecuencia no es solo la pérdida de la independencia científica, también que el conocimiento generado en instituciones públicas deje de ser compartido, o que se abandonen temas poco rentables.

Esta lógica del beneficio inmediato conlleva, paradójicamente, una presión sobre los investigadores que coarta su creatividad. En China ya se han dado cuenta y, precisamente en aras de la eficiencia, promueven que los científicos exploren libremente los temas que más les interesen tomándose el tiempo que les haga falta[10]. Si Newton hubiera sufrido el estrés de las fechas de entrega, no podría haberse encontrado en actitud contemplativa en su jardín aquel día en que, al observar cómo caía una manzana, se planteó la existencia de la gravedad.

Escuelas bosque

Los niños están acostumbrados a tenerlo todo antes de desearlo y sin esfuerzo. [...] Necesitan más que nunca acostumbrarse pacientemente mirando cómo se arrastra un caracol, observando cómo una flor crece, cómo una gota de lluvia resbala por el cuerpo de un ciempiés peludo, viendo aparecer un brote, regando las plantas, recogiendo las setas con agradecimiento y dando de comer a los pájaros. Los niños deben aprender a levantar la vista hacia el cielo de vez en cuando, como lo hacíamos nosotros cuando nos tumbábamos en la hierba que nos «picaba» y nos hacía cosquillas detrás de las piernas y de las orejas y nos imaginábamos que las nubes tenían forma de dinosaurios y de conejos. Los niños deben volver al bosque al que íbamos nosotros de pequeños, subirse a los árboles y esconderse detrás de los helechos.

CATHERINE L'ECUYER

[10] V. el documental *¿Cómo llegué a odiar las mates?* de Olivier Peyon (Francia, 2013). Sobre la falta de independencia en las universidades, v. Qué Hacemos, (2014, 27 de febrero). «La universidad al servicio de las empresas». *El Diario*. http://www.eldiario.es/quehacemos/universidad_investigacion_6_233486667.html

En las escuelas bosque, como su nombre indica, la educación se lleva a cabo en la naturaleza —puede ser en el bosque, pero también en las huertas o en la playa; en las ciudades, se puede llevar a cabo algo parecido aprovechando los parques—. Suelen contar con un pequeño refugio para poder realizar su actividad cuando el tiempo no acompaña, aunque si solo se trata de lluvia o un poco de nieve no se amilanan. Como se dice en los países escandinavos, donde este modelo es muy popular: «no hay mal tiempo, sino mal equipo».

Debido a que, en teoría, en España solo se pueden denominar «escuela» los proyectos homologados —y no en todas las autonomías es posible homologar un proyecto de este tipo—, estas iniciativas pueden aparecer bajo otras denominaciones, como «grupo de juego en la naturaleza», «educación al aire libre», «pedagogía respetuosa en el bosque», etc.

La mayoría siguen un enfoque no directivo, aunque hay excepciones. Como en las escuelas libres, se trabajan las matemáticas, la lengua y el conocimiento del medio, pero de una manera vivencial. Los niños trepan, corren y saltan, descubriendo sus límites y aprendiendo a valorar los riesgos, lejos de miradas sobreprotectoras. Se concede gran importancia al juego libre, y la creatividad y la imaginación son estimuladas, al ser piñas, ramas y guijarros los juguetes. Si es cierto que solo se ama lo que se conoce, esta educación en la naturaleza es la mejor manera de que los niños desarrollen una conciencia medioambiental.

Las primeras escuelas bosque, surgidas hace ya más de un siglo, perseguían mejorar la salud de sus alumnos. Hoy en día, esta es también una de sus motivaciones, aunque si entonces preocupaba la tuberculosis, actualmente lo que inquieta es el TDAH. El problema no es comparable, por supuesto: la tuberculosis era una enfermedad real y a menudo mortal, mientras que hoy, muchos dudan de la verdadera existencia del TDAH. Incluso su descubridor, Leon Eisenberg, confesó antes de morir que el trastorno era ficticio, que se había sobrevalorado la idea de que se trataba de una enfermedad genética. Sin embargo, la creencia caló, según el propio Eisenberg, debido a que es más sencillo recetar una pastilla que indagar en las razones psicosociales del problema. Un problema que afecta al 10 % de los niños estadounidenses y mueve al año millones de dólares, aunque ni siquiera existan pruebas médicas que permitan diagnosticarlo[11]. No hay bases neurológicas, pero aún así el número de niños a los que se dopa aumenta sin parar.

Frente a esta situación, autores como Richard Louv prefieren hablar de «Trastorno por déficit de naturaleza (TDN)». Para Louv, si en la actualidad es más fácil encontrar niños «movidos», es porque vivimos de espaldas al medio natural. Los pequeños pasan horas sentados en el colegio. Salen y pasan horas sentados en sus casas haciendo deberes, viendo la tele o jugando a videojuegos. Hiperestimulados sin quemar ninguna energía. Si a ello le sumamos que su dieta es cada vez más artificial, basada sobre todo en azucares rápidos, el cóctel molotov está servido.

Hemos estado en contacto con la naturaleza desde nuestros orígenes. Vivir en ciudades, desplazándonos en coche hasta para ir a comprar el pan, pendientes de cinco conversaciones de Whatsapp a la vez, es algo nuevo para el ser humano. Una exceso de preocupación por la seguridad de sus hijos lleva a algunos padres a mantenerles entre cuatro paredes la mayor parte del tiempo[12]. No todos los niños se adaptan —lo extraño, si lo pensamos bien, es que la mayoría parezcan encajar—.

---

[11] Fominaya, C. (2014, 20 de octubre). «El TDAH no existe, y la medicación no es un tratamiento, sino un dopaje». *ABC*. http://www.abc.es/familia-padres-hijos/20141020/abci-trastorno-deficit-atencion-201410171200.html

[12] Heike Freire llega a hablar de «*la situación de "arresto escolar, domiciliario y tecnológico" en el que viven los chavales, confinados el 76 % de su tiempo entre cuatro paredes*». v. Fresneda, C. (2014, 24 de enero). «La Naturaleza, esa gran maestra». *El Mundo*. http://www.elmundo.es/blogs/elmundo/ecoheroes/2014/01/24/la-naturaleza-esa-gran-maestra.html

Por eso, el TDAH puede verse como una reacción a una situación anormal, y es la razón por la que muchos prefieren hablar de TDN, que no sería entendido ya como una enfermedad genética, sino como una carencia de un elemento básico para la vida —lo mismo que el escorbuto aparece por falta de vitamina C—. A menudo, basta con que niños etiquetados como TDAH en el colegio pasen más tiempo al aire libre, o que se cambien a una escuela menos directiva, para que sus síntomas mejoren.

Otras dolencias de la vida moderna como el asma, la enfermedad de Crohn o la artritis reumatoide parecen también encontrarse relacionadas con el déficit de naturaleza y un exceso de higiene. Así que no lo dudéis... ¡dejad a los niños chapotear en los charcos!

Escuelas rurales

La metodología que se sigue en las escuelas rurales comparte algunas características con las escuelas activas. Son escuelas pequeñas con niños de diferentes edades, lo que obliga a no hacer lo mismo con todos. Los mayores ayudan a los pequeños y además las ratios son bajas, lo que permite una atención más individualizada.

Los compañeros de aula son los vecinos del pueblo. Todos se conocen, lo que —al menos en teoría— facilita la colaboración entre ellos y que las familias se impliquen. El estudio de la naturaleza se puede realizar de forma directa con solo abrir la puerta.

Como contrapartida, el hecho de ser escuelas muy pequeñas puede conllevar problemas de socialización —por ejemplo, si no hay *feeling* entre un alumno y los pocos compañeros que pueda tener de una edad parecida—. También el profesorado puede acabar desarrollando cierta sensación de aislamiento.

Para paliar estos posibles inconvenientes, es frecuente que estas escuelas se agrupen en lo que se denomina Colegio Rural Agrupado (CRA)[13]. En los CRA, los pasillos entre las aulas son las carreteras entre los pueblos. Aunque las unidades físicas puedan estar alejadas algunos kilómetros, se comparten materiales y se realizan múltiples actividades conjuntas. Iria Mosquera, directora del CRA Antía Cal (Pontevedra), explica así su experiencia:

> Para mí las principales ventajas de las aulas rurales son el entorno y el espacio. Son «casitas» con jardín donde no dependemos de timbres ni de filas, podemos permitirnos organizar nuestros tiempos a nuestra manera. El contacto con el alumnado es mucho más cercano y el trato es mucho más individualizado ya que al ser aulas mixtas hay mucha variedad de momentos evolutivos, por lo que no quedan niños desmarcados del grupo...
> En el CRA no observamos problemas de socialización porque al ser grupos pequeños la sensación de pertenencia al grupo es bastante fuerte y no solo son amigos de los de su misma edad, juegan también con los de otras edades.

El modelo finlandés

A principios de los 90, Finlandia vivió una grave crisis económica. Lo mismo ocurrió en España, con la diferencia de que aquí no conllevó ninguna reflexión. De la crisis pasamos a la burbuja del ladrillo y, como consecuencia de esta, a que muchos jóvenes dejaran los estudios para trabajar en la construcción, donde podían ganar más que sus profesores. El fin de la historia ya lo conocemos: ahora no cuentan ni con trabajo ni con formación.

En Finlandia, en cambio, la crisis provocó un cambio de prioridades. Se puso en tela de juicio que se hubiera

[13] Dependiendo de la comunidad autónoma puede recibir otras denominaciones, como «Zona Escolar Rural» o «Colegio Público Rural».

perseguido el crecimiento material como valor supremo, a la vez que se comenzó a considerar prioritaria la mejora del estado de bienestar y el desarrollo de una mayor conciencia ecológica. El progreso debía estar bien cimentado, no alcanzarse ilusoriamente a costa de los recursos naturales o de los más débiles. Se decidió apostar por el capital humano.

En la actualidad, el estado de bienestar finlandés es uno de los puntales de su sistema educativo. Las familias que lo necesitan reciben subsidios, por lo que no hay pobreza infantil —un factor directamente relacionado con el fracaso escolar—. Se da por hecho que en una sociedad equitativa, el estado debe compensar las desigualdades, para que los niños partan de la misma posición de salida. Como afirma Xavier Melgarejo: «los finlandeses valoran a las personas por lo que son y por lo que hacen, y tienen claro que todo esto se consigue con el estudio, con el trabajo y con la ayuda de los demás[14]». No les importa pagar impuestos si es a cambio de unos servicios públicos de calidad, que no busquen una rentabilidad cortoplacista. A la larga, el gasto en educación es en realidad una inversión: el coste medio por alumno/año es de 5200 euros, mientras que el coste global de que un alumno se pierda, puede rondar el millón de euros.

Todo esto ayuda a que su sistema educativo sea uno de los mejor valorados del mundo, pero se dan otros elementos que lo explican. El primero puede resultar chocante: en Finlandia, la educación formal no comienza hasta los 7 años. En España, en cambio, en preescolar ya se da comienzo al aprendizaje de la lectoescritura. Sin embargo, los resultados en PISA dejan claro que los alumnos finlandeses están a la cabeza a nivel mundial en comprensión lectora, mientras que es un grave problema en los españoles.

---

[14] Melgarejo, (2013)

Otra diferencia entre el sistema finlandés y el español es que en el primero la mayoría de las escuelas son públicas y sus resultados bastante homogéneos. La equidad no se consigue a costa de bajar el nivel, que es excelente en todos los centros. Y la excelencia no se consigue haciendo repetir a los alumnos que van peor, sino con medidas de atención a la diversidad efectivas. Los alumnos con diagnósticos severos comparten aula con el resto, pero el profesor cuenta con ayuda de personal de apoyo. Y una medida que ha demostrado ser muy eficaz —y no es costosa— es detectar de forma temprana los problemas de comprensión lectora. Un niño que no entiende lo que lee, va acumulando un déficit que aquí muchas veces no se percibe hasta que se da el batacazo al llegar a ESO. Fuera de la escuela, una manera simple y eficiente de favorecer que los niños aprendan a leer, consiste en subtitular —en lugar de doblar— las películas y los dibujos animados que se emiten en televisión. De esta forma, además, se van familiarizando con el inglés y otras lenguas.

Los alumnos finlandeses no solo destacan en las materias académicas y en la capacidad para resolver problemas, sino también por sus valores cívicos. Los casos de acoso y *ciberbullying* son poco habituales, gracias en parte a la implantación del programa KiVa. KiVa no se centra únicamente en víctima y acosador, sino que trabaja con todo el grupo. Sin cómplices que le rían las gracias o miren para otro lado, la actitud del acosador cambia.

Mientras que en nuestro país la nota de corte para acceder a Magisterio es baja —y luego se realiza la criba mediante oposiciones—, en Finlandia la selección del profesorado comienza antes de empezar los estudios. Solo los alumnos con nota media de bachillerato superior a 9 pueden optar a ser maestros. Y ni siquiera basta con esto: se busca que también sean personas empáticas y con sensibilidad social. Para encargarse de la educación de los niños no vale cualquiera, por muy brillante que sea su expediente. Además, formar a un profesor sale caro y el estado finlandés es generoso, pero no despilfarrador: las plazas ofertadas en Magisterio dependen de los maestros que se estima que serán necesarios en los años siguientes, y solo se subvencionan los estudios a quienes presumiblemente vayan a acabar ejerciendo.

La consecuencia es que solo acceden a Magisterio quienes además de ser brillantes están auténticamente motivados, porque tampoco el sueldo es especialmente alto —viene a ser como aquí, aunque un plus importante es que la profesión goza allí de un prestigio social muy diferente—. Se realizan muchas horas de formación pedagógica y de prácticas. Para finalizar la carrera es necesario presentar una tesina, puesto que de un futuro maestro se espera que sea un buen investigador. Solo una persona curiosa y crítica podrá transmitir estas cualidades a sus alumnos.

Los maestros finlandeses son dados a la reflexión sobre su trabajo y al intercambio de experiencias[15]. Las aulas están siempre abiertas y se reservan unas sillas vacías para que los compañeros puedan asistir a sus clases e inspirarse en sus prácticas.

Como ocurre en la pedagogía Waldorf, se considera que rodear el aprendizaje de belleza resulta motivador para los alumnos. Por eso es frecuente que se utilicen dibujos y música para presentar algunos temas. Las clases son participativas y siguen el modelo constructivista. Se busca que los alumnos desarrollen el gusto por aprender y la capacidad de hacerlo por sí mismos de forma colaborativa. En las aulas se respira un clima de silencio y

---

[15] Los pedagogos y maestros finlandeses, a pesar del éxito de su modelo, continuamente revisan sus prácticas y objetivos. Como consecuencia, recientemente han introducido algunas novedades, como eliminar las asignaturas para sustituirlas por el trabajo a partir de fenómenos (algo muy parecido al trabajo por proyectos). Probablemente, la crisis económica que sufren actualmente ha influido en estos cambios. Tras la caída de Nokia y de la industria papelera, el sistema educativo se ha convertido en la única «joya de la corona» que ha sobrevivido. Los finlandeses continúan apostando por la educación para salir adelante.

de respeto que no proviene de una barrera artificial entre maestro y alumnos, sino de que estos son conscientes de que, en última instancia, los responsables de su educación son ellos mismos.

¿El resultado? Los alumnos finlandeses pasan menos tiempo que los españoles en clase o haciendo deberes —porque además en Finlandia hay conciliación real y la escuela no hace de guardería—, pero obtienen en PISA resultados mucho mejores. Similares, de hecho, a los alumnos de países asiáticos como Corea del Sur, donde los resultados se obtienen a base de una tremenda presión sobre los niños y de segregación temprana. Debemos a Finlandia la constatación de que para llegar a un mismo lugar hay distintos caminos, y que algunos son más eficientes y respetuosos que otros[16].

Grupos de crianza

Los grupos de crianza constituyen una manera de criar en grupo a los más pequeños. En los denominados «comunitarios», las familias comparten el cuidado de sus hijos, teniendo en cuenta los principios de la crianza respetuosa. Pueden tener influencias variadas (Pikler, Rebeca Wild, Waldorf...), pero todos coinciden en fomentar la autonomía del niño, educar sin premios ni castigos, y ser un espacio autogestionado que valora la idea de tribu y de apoyo mutuo. Algunos cuentan con un ambiente preparado —donde los niños pueden explorar libremente con seguridad— mientras que otros desarrollan su actividad en espacios públicos.

---

[16] Esta es la razón por la que Xavier Melgarejo ha titulado su libro sobre el sistema finlandés *Gracias, Finlandia*. Para Melgarejo, el modelo finlandés no es extrapolable a nuestro país porque refleja una realidad muy distinta. Sin embargo, muchas de sus propuestas han demostrado ser enormemente efectivas, y sobre todo supone la constatación de que cuando hay voluntad política, el sistema educativo puede cambiarse con resultados muy positivos. Esta es la causa por la que lleva años dedicado a difundir este modelo en España, con el objetivo de convencer a los políticos y a la sociedad de la necesidad de un pacto de Estado en materia de educación como el que se llevó a cabo en Finlandia. Por todo ello, gracias, Xavier.

Existen otros tipos de grupos de crianza. A veces las familias solicitan la ayuda de una educadora. Algunos están asociados a escuelas libres; en otras ocasiones, es la escuela libre la que ha surgido a partir del deseo de las familias de que sus hijos continúen su educación en esta línea. Y además hay doulas, psicólogas y/o educadoras que realizan reuniones periódicas con las madres y sus bebés para compartir dudas e inquietudes, y también se autodenominan «grupos de crianza».

Madres de día

En países como Francia, Alemania o Suiza las madres de día son muy populares. No son canguros: se trata de personas cualificadas (maestras, psicólogas, pedagogas) que tienen a su cargo a un máximo de 4 niños, con edades comprendidas entre los 0 y 3 años. Las hay que cuentan, además, con formación en una pedagogía específica, como Waldorf, Pikler o Montessori.

Las madres de día desempeñan su labor en sus propios domicilios, donde habilitan una zona adaptándola a las necesidades de los pequeños. El ambiente es por tanto muy familiar y esta es su principal baza frente a otras alternativas. No hay masificación, lo que permite atender a las necesidades de cada niño respetando sus ritmos. Supone seguir lo más posible los principios de la «crianza con apego» aunque la madre y el padre tengan que atender a sus obligaciones profesionales. Los peques cuentan siempre con la misma educadora y pueden dedicarse a jugar en lugar de estar haciendo fichas.

En España, esta figura solo está regulada en algunas comunidades autónomas (por el momento, Navarra y Madrid).

Homeschooling (educación en casa, educación en familia)

Hay tantas maneras de hacer *homeschooling* como familias *homeschoolers* existen. La educación en casa puede parecerse mucho a la educación tradicional, con horarios, asignaturas y fichas o, por el contrario, huir de cualquier tipo de estructura —se trata entonces del llamado *unschooling*—. Otras familias optan por un enfoque intermedio, más parecido al de las escuelas libres. Y también las hay que siguen alguna pedagogía como Montessori o Waldorf. Algunos *homeschoolers* preferirían poder hacer *flexi-schooling*, pero es una alternativa que aún no se contempla en nuestro país[17].

Son así mismo variadas las razones por las que se elige esta alternativa. En algunos casos, los padres consideran que no se debe delegar la educación de los hijos, o bien juzgan la escuela como una institución que no tiene arreglo. En otras ocasiones, se llega al *homeschooling* cuando no se encuentra otra opción, al no poder accederse a un colegio con un proyecto educativo con el que se sintonice —ya sea por razones económicas o geográficas—. Muchas familias desescolarizan a sus hijos al encontrarse frente a casos de acoso o de fracaso escolar, o al comprobar que tienen necesidades educativas especiales (niños con altas capacidades, con síndrome de Asperger, TDAH, etc.).

Al no ser el *homeschooling* una práctica reconocida legalmente en España, hay mucho desconocimiento y muchos prejuicios en torno a ella[18]. Los profesionales de la

---

[17] Esta opción, surgida en Gran Bretaña, consiste en la posibilidad de matricular a un niño en un colegio pero sin que exista la obligación de que vaya a clase todos los días. La educación se comparte así entre el centro docente y los padres. Con sus familias, los niños pueden llevar a cabo aprendizajes tanto formales como no formales. Se puede dedicar tiempo a una asignatura que se resiste, pero también a algún tema que entra en el currículum pero es lo que apasiona al niño. Para padres que trabajan en horario de tarde-noche, en fines de semana, o que no pueden cogerse vacaciones en verano, esta sería la manera de poder pasar más tiempo con sus hijos.

[18] Hablaremos sobre su situación legal en el capítulo de «Preguntas frecuentes». Para saber más sobre los tópicos que rodean la educación en familia, v. el libro de Madalen Goiria: *10 tópicos sobre el homeschool.*

educación suelen oponerse visceralmente, aunque también se dan casos de maestros que educan en familia.

Hay quienes piensan que se trata de una alternativa únicamente para ricos; sin embargo, no es así. En algunos casos, los progenitores pueden turnarse para estar con los hijos, mientras que en otros, uno de los dos deja de trabajar fuera de casa, no necesariamente porque les sobre el dinero, sino porque entienden esta forma de educar como una prioridad. (En el caso de familias con varios hijos, el *homeschooling* puede salir más a cuenta económicamente que llevarlos a todos a un colegio privado).

Se encuentra también muy extendida la idea de que son niños que no socializan, como si solo se pudiera socializar en la escuela. La realidad es que existen numerosas asociaciones de familias *homeschoolers* que continuamente realizan actividades —excursiones a la naturaleza, partidos de fútbol, visitas a museos, etc.— para que sus hijos se encuentren. Es frecuente también que los niños realicen actividades extraescolares (aunque vaya, parece que en este caso habría que denominarlas de otra forma).

Otro mito sobre la educación en familia es que se trata de una opción solo para superdotados. Se basa en la imagen tópica de unos niños sentados en una mesa haciendo fichas con su madre, que después, además, tocan el piano, estudian idiomas y juegan al ajedrez. Se trataría del *hot house homeschooling*, en el que a los pequeños se les pone como a plantitas en un invernadero para que crezcan frondosamente. Es una imagen que a los medios de comunicación les gusta transmitir, combinada con la idea de que luego a estos niños se los rifan en las mejores universidades. Últimamente, sin embargo, empiezan a aparecer artículos en donde se afirma todo lo contrario: que acaban todos siendo unos fracasados que tienen que contentarse con los trabajos peor remunerados... ¿Cómo se explica que se ofrezca una información tan dispar? Es simple: algunos medios buscan titulares «retwitteables» a cualquier precio, y no dudan en reproducir afirmaciones tajantes sin contrastar, y más si es sobre temas controvertidos. «No dejes que la realidad te estropee una buena noticia», lo llaman... Bien, aquí va un no-titular: «Los niños que se educan en familia son tan normales como los demás».

Capítulo 7: Preguntas frecuentes

¿Qué tienen de innovadoras unas pedagogías que nacieron hace casi un siglo?

Ya lo dice el lema de Summerhill: «Fundada en 1921 y todavía por delante de su tiempo». Efectivamente, la mayoría de estas pedagogías se desarrollaron en la primera mitad del siglo XX, pero hoy continúan considerándose innovadoras porque la educación convencional sigue basándose en prácticas aún más antiguas.

¿Son algo más que una moda?

Hay quienes piensan que iniciativas como las escuelas bosque no son más que una moda importada de Alemania, cuando la realidad es que en 1914 ya se había fundado una primera escuela bosque —a la que seguirían unas cuantas— en Montjuïc.

Desde finales del XIX —sí, también una época de crisis económica y moral para la que se buscaban soluciones— hubo una auténtica ebullición en España de proyectos educativos (escuelas Montessori, la Escuela Moderna, el Instituto-Escuela) que situaron a nuestro país a la cabeza de la innovación pedagógica en Europa. Todo esto fue arrasado por la Guerra Civil.

Por esta razón, resulta muy injusto tildar ahora estas pedagogías de simple moda; o peor, de experimentos que acabaron cayendo en el olvido. Es como si en la Transición alguien hubiera dicho que recuperar la democracia no tenía ningún sentido, que solo se trató de un tanteo fracasado que duró unos pocos años... Esperemos que ciertas cosas hayan vuelto para quedarse.

¿No son elitistas estas pedagogías?

Las pedagogías en sí no son elitistas, y de hecho muchas de ellas se están aplicando, con mayor o menor fidelidad, en escuelas públicas. Lo que sí es cierto es que la mayoría de los proyectos no cuentan con ningún tipo de subvención. Al depender de las cuotas para su mantenimiento, se convierten en alternativas que no todas las familias se pueden permitir.

Existe un problema añadido, del que se habla poco pero que está ahí, y es el de que incluso en proyectos autogestionados en que las familias pueden pagar entre 100 y 400 € al mes, es frecuente que los educadores vivan en una situación de precariedad. Sencillamente, porque si hay que pagar un alquiler y mantener ratios de 5-10 niños por educador, es difícil que salgan las cuentas. En los proyectos privados las cuotas son más altas, mientras que en los públicos y concertados, la financiación sale de las arcas públicas, por lo que no se encuentran con este problema. Los docentes cobran según marca el convenio.

A pesar de esto, muchas personas tachan a los proyectos alternativos de elitistas, metiendo a todos en el mismo saco, sin saber nada de los medios tan precarios con los que suelen contar. La mayoría salen adelante gracias al esfuerzo y a la ilusión que ponen acompañantes y familias.

Resulta también difícil de comprender que se considere elitista el trabajar con ratios bajas. Por supuesto, muchas escuelas, tanto públicas como privadas, cuentan con ratios muy altas. Pero igualmente hace un siglo la jornada laboral estaba muy lejos del máximo de ocho horas diarias y no era precisamente elitista luchar porque se redujera. Si en algunas fábricas los trabajadores hubieran conseguido una jornada razonable, ¿tendría sentido que los otros les hubieran tildado de pijos?

Existen muchos prejuicios, en fin, en torno a estos proyectos, que acaban siendo vistos como guetos. Sin embargo, si no fuera por estas experiencias el panorama pedagógico hoy en día sería mucho menos rico. Si actualmente existen escuelas públicas y concertadas disfrutando de proyectos innovadores es gracias, en buena medida, a quienes comenzaron a llevarlos a cabo a contracorriente del sistema.

Lo lamentable es que continúen siendo accesibles solo para unos pocos. Cada vez hay más centros públicos de educación activa, pero aún no se ofertan suficientes plazas como para cubrir la demanda. A la vez, las familias y educadores que no encuentran espacio en el sistema actual y deciden crear un proyecto educativo por su cuenta se encuentran con todo tipo de trabas.

¿Cuál es la diferencia entre centros públicos, privados, autogestionados...?

Centros públicos son aquellos que dependen de las administraciones (normalmente, de los departamentos de educación de las comunidades autónomas). En principio, cualquier niño puede acceder a ellos; si hay más solicitudes que plazas, tienen prioridad las familias que viven o trabajan cerca.

Los **centros privados** son empresas o cooperativas —de familias o de docentes— dedicadas a la educación. Se financian mediante las cuotas que pagan los alumnos. Suelen seleccionar a quienes entran mediante entrevista previa. Cuentan con cierta libertad a la hora de establecer el currículum, pero dentro de los límites que marca la ley.

Los **centros concertados** son centros privados que se financian con dinero público. La gestión es privada, pero deben seguir el currículum como cualquier colegio público. Al contar con financiación pública, no pueden discriminar a los alumnos por razones de etnia, religión, ideología o estatus social, al menos en teoría.

Y luego están los **proyectos autogestionados** que no son centros públicos ni concertados, pero tampoco se identifican con los centros privados. No tienen afán de lucro y procuran tener cuotas asequibles —algo que también intentan algunos centros privados—. La idea es que ninguna familia quede fuera por razones económicas. Sin embargo, en la práctica, al no contar con ningún tipo de subvención, no todas pueden acceder a ellos. Suelen ser las propias familias las encargadas de las labores de limpieza, cuidado del huerto, difusión, etc., así como de buscar formas alternativas de financiación: fiestas, talleres, venta de camisetas y de calendarios...

Cada vez más escuelas públicas están apostando por las pedagogías activas. Sin embargo, existe tanta demanda que muchos niños se quedan fuera. Las ratios suelen ser altas comparadas con proyectos de educación libre, pero similares a las que se manejan en muchos centros Montessori.

Se tiene la idea de que en los centros privados es más fácil innovar que en los públicos, pero no siempre es así. Es cierto que los privados cuentan en principio con mayor capacidad de maniobra, pero a veces quienes más coartan a los educadores de estos colegios son las familias. En algunos se acaban mandando deberes porque los padres así lo quieren. A la vez, los privados cuentan con total libertad a la hora de seleccionar a los profesores, mientras que a los públicos puede ser que se incorporen docentes que no compartan en absoluto el proyecto pedagógico.

¿Son legales estas pedagogías?

Ninguna pedagogía es ilegal. Los currículums oficiales establecen unos objetivos mínimos que los alumnos deben alcanzar, pero no obligan a seguir un determinado enfoque pedagógico.

La Constitución Española reconoce además la libertad de enseñanza y de creación de centros docentes. Sin embargo, en la práctica, esta libertad se queda en papel mojado. Es muy complicado homologar un colegio, pero no por cuestiones pedagógicas, sino materiales. Al final, todo se reduce a un «con pesetas, chufletas». Hay escuelas que no han podido obtener la homologación por razones tan peregrinas como no contar con una cancha de baloncesto, o con número x de váters.

Por supuesto, se ha de velar porque los espacios sean adecuados para desarrollar la actividad educativa. Lo que no parece razonable es que se exijan prácticamente los mismos requisitos a centros con más de un millar de alumnos que a otros que apenas alcanzan los cien.

¿Por qué hay tan pocos proyectos de educación activa para mayores de 6 años?

En parte porque muchas familias, al llegar a la etapa de primaria, consideran que el niño «ya ha jugado bastante» y que a partir de ahí toca ir a un cole «de verdad». Pero las razones, principalmente, son legales, ya que a partir de los 6 años, la escolarización es obligatoria, y estar escolarizado significa estar matriculado en un centro homologado.

Muchos centros Waldorf, y la mayoría de los Montessori, están homologados. Sin embargo, los de educación libre suelen comenzar de forma autogestionada y con niños menores de 6 años[1].

Debido a que la situación económica de los proyectos autogestionados suele ser precaria, la mayoría no puede ni plantearse la homologación, por lo que suelen llegar solo hasta la edad de escolarización obligatoria. En estos casos, no hay una normativa específica para ellos, de modo que a lo que deben atenerse es a la normativa municipal en materia de seguridad, edificación, etc. Suelen adoptar la forma legal de asociaciones o cooperativas.

---

[1] En líneas generales es así, pero también se pueden encontrar escuela libres homologadas y Montessori no homologadas. Igual que existen Montessori autogestionadas y escuelas libres privadas. También existen proyectos homologados y autogestionados... se pueden encontrar, en fin, todas las combinaciones posibles.

Otros proyectos se arriesgan y siguen adelante con niños mayores, aún sin estar homologados. Los hay que tienen suerte y llevan años funcionando así. Para otros, sin embargo, tras una inspección pueden comenzar los problemas —más que para el proyecto en sí, para los padres, que son quienes están incumpliendo con la obligación de escolarizar a sus hijos—.

Dado lo rígida que es la legislación española, muchos proyectos, cuando han tenido contratiempos legales, han optado por la homologación internacional —sí, en España resulta más sencillo homologarse como escuela americana, inglesa o panameña que como escuela española...—. *Spain is still different, yeah!*

¿Qué problemas pueden encontrarse las familias que hacen *homeschooling* o que llevan a sus hijos a centros no homologados?

La Constitución Española establece en su artículo 27 el derecho a la educación, pero no trata el tema de la escolarización obligatoria. Este tema se ha desarrollado en normativas posteriores, como la LOGSE. Actualmente, la escolarización es obligatoria de los 6 a los 16 años, y estar escolarizado significa estar matriculado en un centro homologado.

El *homeschooling* no es por tanto legal en España, pero tampoco se puede considerar una práctica perseguida. Muchas familias educan en casa sin tener ningún tipo de problema. Las complicaciones comienzan cuando alguien denuncia —pueden ser los servicios sociales, un familiar, un vecino...—. También es corriente que si el niño ha sido desescolarizado, sea el centro al que acudía el que haga saltar las alarmas.

La mayoría de las denuncias, sin embargo, no llegan a los Tribunales. Una vez que los servicios sociales entienden que el menor está bien atendido, el caso no va más allá. Pero si esto no ocurre y se llega a juicio, comienza la lotería. En cualquier caso, conviene saber que lo peor que puede pasar es que los padres sean obligados a escolarizar a su hijo.

La situación legal de los niños mayores de seis años que acuden a proyectos educativos no homologados es la misma que la de los *homeschoolers*: oficialmente, no están escolarizados. La teoría es que si a las familias no les convencen los colegios que hay, pueden montar uno siguiendo sus criterios. Pero como hemos visto, es una teoría que no está al alcance de todo el mundo.

Existe mayor permisividad respecto al *homeschooling* en unas autonomías que en otras. En Cataluña, donde hay más tradición que en otros lugares, la Ley de Educación de Cataluña (LEC, 2009) reconoce la enseñanza obligatoria no presencial. La normativa sin embargo está aún en espera de su desarrollo, y tal vez allí se quede, ya que entra en contradicción con una sentencia del Tribunal Constitucional que obligó a una familia malagueña a escolarizar y que creó jurisprudencia[2].

¿Qué implicación se espera de las familias?

Varía mucho en función del proyecto y de la pedagogía. Un extremo sería Summerhill, que quiere a los padres lo más lejos posible. En la otra punta, se encontrarían los proyectos donde los educadores son las propias familias.

Por lo general, los proyectos privados no esperan que los padres cooperen, más allá de ser coherentes en casa con el proyecto pedagógico del centro. Por el contrario, los autogestionados, ya están indicando al definirse así que su funcionamiento depende de sus miembros. Puede esperarse de ellos que participen en comisiones, que realicen la limpieza y tareas de mantenimiento,

---

[2] Mouzo, J. (2012, 12 de diciembre). «La alternativa al colegio». *El País*. http://ccaa.elpais.com/ccaa/2012/12/23/catalunya/1356291643_409467.html

que colaboren en las fiestas para recaudar fondos, que sustituyan a los educadores cuando están enfermos o que sean parte de la comisión pedagógica.

Muchos problemas de los proyectos autogestionados provienen de desavenencias entre las familias. Se han dado casos de escuelas que después de superar el vía crucis de la homologación, han comprendido que sus verdaderos quebraderos de cabeza comenzaban entonces. Y es que puede no ser nada fácil alcanzar acuerdos sobre lo que se entiende por no directivismo, cuánto deben cobrar los acompañantes, o qué límites hay para pequeños y grandes. Algunas familias consideran que colaboran más que otras y acaban quemadas. También pueden acabar hartas las que sienten que se les exige demasiada implicación —en casos exagerados, se llega a pedir a las familias que realicen actividades juntas los fines de semana, para fomentar la convivencia—.

Quienes consiguen superar sus diferencias y llegar a consensos, hablan luego del proceso como de un aprendizaje que les ha hecho crecer y ha fortalecido el proyecto. Quienes no... pues no.

¿Cómo se adaptan los alumnos de una escuela activa al sistema tradicional?

Se suele decir que estos niños cuentan con una madurez emocional que les permite adaptarse a cualquier situación, pero es una realidad que al principio lo suelen llevar mal. Pasar de tener libertad de movimientos a tener que permanecer sentado en un mismo sitio durante varias horas supone un cambio muy brusco.

Algo que también les suele sorprender al llegar a un colegio convencional es el ruido de las aulas, que haya profesores que hablen a gritos o que algunos niños les quiten las cosas de las manos en lugar de pedirlas. (Lo mismo, vaya, que le sucedería a cualquier adulto si de repente lo encogieran y lo metieran en un colegio).

Aún así, quienes han asistido a estas escuelas aunque haya sido por unos pocos años suelen alegrarse de su paso por ellas. Clara, de *Tierra en las manos* reflexiona así sobre su corta experiencia en una escuela alternativa:

> Siempre que me han preguntado si hubiera preferido no vivirlo… mi respuesta ha sido la misma: no cambiaría esa experiencia por nada del mundo. Lo único… es que ojalá hubiera podido ir siempre a un lugar más respetuoso. [...]
> El cambio hacia una escuela convencional puede impresionar más o menos a un niño, depende de cada forma de ser, pero lo bueno es que cuando se sienta presionado, o que el profesor impone el conocimiento, o que se fomenta la competitividad o que solo se evalúan los logros pero no los procesos… ese niño va a poder verbalizarlo, podrá llegar a casa y decir esto me gusta o no me gusta, me siento mal con ese estilo educativo (o no)… y los padres podrán acompañar esos sentimientos de la mejor forma posible, evitando que pasen de largo sin haberlos podido hablar, sin ponerle palabras.
> En cambio, un niño de 3 años (o más pequeño aún) no puede hacer eso. Si se siente presionado o poco respetado en una escuela tradicional difícilmente va a poder verbalizarlo como si tuviera 6 o 7 años. Así que… si te preguntas si vale la pena ir a una escuela «libre», «alternativa» o lo más respetuosa posible, aunque sea por un periodo corto… mi respuesta es SÍ.[3]

Pues eso. Que les quiten «lo bailao».

---

[3] «*¿Vale la pena ir a una escuela alternativa o libre? ¿Aunque solo sea los primeros años?*». *Tierra en las manos*, 02.03.2016. http://www.tierraenlasmanos.com/cambio-escuela-alternativa-escuela-convencional/

¿Es cierto que los niños educados de una manera respetuosa no atraviesan la crisis de la adolescencia? ¿O por el contrario, les acaba pasando factura haber vivido en una «burbuja» y la transición a la edad adulta es más complicada?

La adolescencia hay que pasarla, como el sarampión. Con la diferencia de que para ella no hay posibilidad de vacuna. Nunca es una etapa fácil, supone un momento de cambios radicales, de resituarse en el mundo. Lo que sí es cierto es que quienes han tenido con padres y maestros una relación basada en la confianza y no en el autoritarismo, parecen vivirla de una manera más suave y más consciente:

> Los adolescentes del Pestalozzi [la escuela de Rebeca Wild] sufren como los otros adolescentes porque están en un cambio de etapa en la que se están planteando quién son en este mundo y cómo se desarrollarán. En lo que difieren del resto es en que tienen seguridad y respeto en la relación que tienen con los adultos y eso hace que los conflictos sean mucho menores. Durante esta etapa los adolescentes tratan de investigar sobre las cosas que les gustan y establecen contacto con el mundo laboral para comprobar de qué trata realmente el trabajo. Algunos optan por seguir una vida «normal», acceden a la universidad y se integran con normalidad en el sistema dando resultados más que notables. Otros optan por una vida más al margen y prefieren viajar y seguir conociendo otras realidades para acabar definiendo la suya. Una de las características que los define es el sentido de compromiso y responsabilidad con lo que están haciendo, ya que lo hacen porque les interesa. Así que podemos concluir que aunque los niños no sigan los estándares de educación, ya que no están pautados, llegan a los mismos lugares que el resto de la sociedad, aunque con el hecho diferencial de que siempre estarán dirigidos por lo que les dicte su corazón y no lo que dicte lo externo[4].

[4] Sumando cambios (2015, 19 de enero). «En el León Dormido». (http://www.sumandocambios.com/paises/ecuador/en-el-leon-dormido-educacion/)

También parecen satisfechos, de adultos, quienes han disfrutado de una educación así:

> Gracias a ser respetada en la escuela y a que mi familia me apoyara, he tenido la libertad para escoger la vida que he querido. Siento que tengo la fuerza para realizar las cosas que quiero sin que nadie nunca me haya dicho lo que debo hacer. Por ejemplo, me metí a estudiar, hice mi carrera pero no hice mi tesis porque no quise y nadie me presionó para hacerla. También me ha ayudado a no mentirme cuando tomo una decisión ya que lo hago desde mi propia autonomía, sin dejarme influir por los miedos o las presiones sociales, sabiendo mis límites[5].

En cualquier caso, hay que tener en cuenta que cada adolescente es un mundo. Y que en general, quienes hablan de estas pedagogías después de pasar por ellas, son quienes se han llevado una visión positiva.

¿Realmente los niños aprenden más y mejor?

Esta es la pregunta que más preocupa a las familias; lamentablemente, no hay una respuesta clara. Aunque muchos proyectos afirman que sí, debido a que en principio se aprende más cuando la motivación es interna, todo dependerá de la pedagogía, del proyecto y del niño.

Lo que está claro, es en estas escuelas se adquieren habilidades que son minusvaloradas por la educación tradicional, como la capacidad de trabajar en equipo, de defender las propias ideas o de hablar en público. En el Institut de Sils, uno de los pocos centros de ESO donde se trabaja por proyectos, explican que sus alumnos tienen una adaptación complicada al bachillerato, debido a que

[5] Borbolla, G. (2015, 15 de mayo). «Gaby, ex-alumna de una escuela libre». *Mauna Kea*. http://www.maunakea.mx/gaby-ex-alumna-de-una-escuela-libre

en esta etapa la metodología suele ser muy tradicional, enfocada a superar las pruebas de acceso a la universidad. Sin embargo, los que deciden continuar estudiando y acceder a un grado, se encuentran con un ambiente parecido al que vivieron en ESO. Desde la implantación del Plan Bolonia, se realizan en las aulas universitarias múltiples trabajos en grupo y exposiciones orales, por lo que quienes ya han desarrollado estas capacidades lo tienen más fácil.

¿Estas escuelas son la mejor opción para todos los niños?

No. Hay niños que prefieren el enfoque tradicional, sobre todo si previamente han estado escolarizados en colegios convencionales. Algunos necesitan sentir un punto de competición en la que destacar o se desmotivan. A veces sus familias acaban cambiándoles de escuela, porque ven que pasa el tiempo y no acaban de adaptarse.

Por otra parte, no está claro que a niños con trastorno del espectro autista les vaya bien en los proyectos menos directivos, donde el aprendizaje depende de sus propias decisiones[6].

¿Qué titulación se obtiene tras pasar por estos proyectos?

Si el proyecto está homologado, al finalizar los distintos ciclos se obtiene la titulación oficial.

Si no está homologado, los alumnos, al acabar, no contarán con ninguna titulación. Para los que quieran continuar estudiando, existen distintas vías. La más

[6] «Los niños diagnosticados con TDAH se desenvuelven bien en la escuela [Sudbury Valley], pero un niño o niña con un grado de autismo grave —lo que supone una merma o ausencia del impulso de jugar y de interactuar con otras personas— es muy probable que no se desenvolviera bien allí». Gray, (2016)

habitual es matricularse, cuando se tiene la edad correspondiente, en el último curso de la ESO. Si no, a los 18 años es posible presentarse a las pruebas de ESO por libre[7].

¿Dónde puedo consultar los proyectos que me quedan cerca?

En Ludus (http://ludus.org.es) pueden consultarse la mayoría de proyectos existentes en España, con la posibilidad de filtrar por pedagogía, edad a la que se dirigen y provincia. Como se indica en la web, se trata de una mera guía orientativa para encontrar proyectos cercanos; luego es labor de las familias ir a conocerlos para poder elegir el que más se adecue a sus expectativas.

Ludus incluye además otras secciones, como una guía de centros que ofrecen formación para educadores, una agenda de eventos, una bibliografía, o un listado de talleres y actividades complementarias en la línea de la educación activa.

Decidí crear esta web hace tres años para dar a conocer estas iniciativas, ya que hasta entonces la información sobre ellas se encontraba muy dispersa.

---

[7] Así es, al menos, mientras escribo estas líneas, pero conviene tener en cuenta que esta y otras normativas pueden haber cambiado cuando las estés leyendo.

Capítulo 8:
¿Que todo cambie para que todo siga igual?

No cabe duda de que las pedagogías activas están de moda. Los medios les dedican reportajes y empiezan a interesarse por ellas personas que, aunque no estuvieran del todo satisfechas con la educación que recibieron, nunca se habían planteado que las cosas pudieran ser de otra manera.

Como hemos ido viendo en páginas anteriores, ninguna de estas pedagogías es nueva. Sin embargo, sí constituye una novedad el interés que comienzan a despertar en la sociedad. Si hasta ahora solo eran conocidas en pequeños círculos, hoy se habla de ellas en debates televisivos. Incluso las revistas del corazón comentan qué actores o qué miembros de la nobleza llevan a sus hijos a Waldorf o a Montessori o hacen *homeschooling*. A premios a la mejor escuela o al mejor profesor se les da un gran rebomborio, aunque no esté del todo claro quién hay detrás de las fundaciones que los conceden.

Entre quienes ya llevaban tiempo apostando por una educación activa se han dado diferentes reacciones. Algunos ven con alegría que por fin se reconozca el valor de estas pedagogías, mientras que otros temen que, como toda moda, el fenómeno acabe convirtiendo estas propuestas en algo superficial, desvirtuando su verdadero significado. Ya están surgiendo, como setas, guarderías que se venden como Montessori solo por haber comprado una torre rosa y unas letras de lija. La formación para educadores se ha convertido en un auténtico negocio, aunque no siempre la calidad de los cursos esté a la altura del precio de las matrículas.

Toda esta ebullición ha conllevado que afloren suspicacias sobre el rumbo que están siguiendo los cambios. Tensiones que ya existían antes del *boom* vuelven a ser puestas sobre el tapete, algunas bajo una nueva luz. ¿Es compatible, por ejemplo, que estas pedagogías declaren que buscan un mundo mejor a través de la educación con que sean accesibles solo para unos pocos? La falta de ayudas públicas hace que sea así, pero mientras que algunos proyectos persiguen mantener sus cuotas tan bajas como pueden, otros se aprovechan de que ahora hay familias dispuestas a pagar un dineral para hacer negocio. Son los menos, pero al estar homologados y dedicar recursos a darse a conocer, figuran entre los más visibles.

Tanto Steiner como Montessori desarrollaron sus pedagogías haciendo hincapié en valores como la libertad y la paz, y sus primeras escuelas fueron creadas para los hijos de los obreros. En su origen, tenían una voluntad de transformación social que hoy puede pasar un tanto desapercibida, eclipsada por las listas de famosos que han pasado por sus aulas. Por su parte, las conocidas como «escuelas democráticas» —Summerhill y Sudbury— se declaran apolíticas. Estos modelos consideran que los adultos no deben inculcar sus creencias a los niños, pero que a la vez, en un ambiente de libertad, será más fácil que surjan valores como la justicia o la solidaridad. Rizando el rizo, hay quienes reprochan a estos modelos que las asambleas y los tribunales son una imposición basada en valores de los adultos, y no una necesidad de los niños.

En el otro extremo, se pueden encontrar proyectos que consideran que la educación debe ayudar a desarrollar una conciencia crítica frente a la falta de equidad, el mercantilismo o los valores del patriarcado. En algunas escuelas libertarias se llega a ver con malos ojos que los niños asistan a actividades extraescolares, o que jueguen a deportes competitivos:

> El deporte nunca fue solo deporte. En sociedad alguna. Basta haber leído, aun someramente, a Homero para saber hasta qué punto en los juegos de fuerza y destreza se dirime una versión litúrgica del combate. Y se forjan el territorio y los ritos de la identidad; así, los iguales sellan su alianza a través de la satanización del otro[1].

Entre Waldorf y Montessori se dan diferencias obvias, pero también es posible encontrar visiones divergentes entre proyectos que comparten la denominación de «libres». El debate interno da para mucho. Aparecen interrogantes sobre el sentido de la educación, el papel de las nuevas tecnologías o sobre qué y de qué forma se debería enseñar. También sobre el engarzamiento de estos modelos con nuestro tiempo de crisis y de cambio de modelo económico.

¿Merece la pena descafeinar un poco estas propuestas a cambio de que lleguen a más niños? ¿Deben los colegios, por ejemplo, mandar deberes si a las familias les parecen importantes? ¿Y aceptar ayudas de entidades que tal vez condicionen su discurso? Hoy en día se presentan como alternativas escuelas en las que se da robótica y hay una asignatura de educación emocional, ¿supone eso un verdadero cambio?

Es importante encontrarse bien emocionalmente para poder aprender, pero ¿no están algunos proyectos convirtiéndose en meros centros terapéuticos? ¿Tiene sentido continuar transmitiendo conocimientos que ni demandan las empresas ni generan un interés espontáneo en los niños? ¿Debe la escuela olvidarse del aprendizaje memorístico y centrarse en las competencias? ¿Dónde está la línea que separa la educación del adoctrinamiento?... El debate actual es muy rico e incluye muchísimos temas. Aquí esbozaremos solo algunos de ellos.

---

[1] Albiac, G. *Religión de nuestro tiempo*. Tomado de la web de Paideia: http://www.paideiaescuelalibre.org/info/67-religion-de-nuestro-tiempo.html

Un difícil equilibrio

—¡Niños, hoy aprenderemos a programar!
Es importante para prosperar en el futuro.
—Profe, después de eso, ¿podríamos aprender cómo sobrevivir en una civilización amenazada por el colapso del ecosistema, el aumento del nivel del mar y la consiguiente agitación geopolítica, los conflictos armados, la creciente polarización de las orientaciones ideológicas y el apetito insaciable de la humanidad por los recursos?
NITROZAC & SNAGGY

En Cataluña, una de las comunidades autónomas con más tradición en innovación pedagógica, Escola Nova 21 (EN21) —un programa impulsado por la UNESCO, la Fundació Jaume Bofill y La Caixa, entre otros— se ha propuesto ayudar a los centros que quieran «cambiar el chip» en su transformación. La idea es tanto ofrecer formación, como ayudar a crear redes entre las escuelas que ya están trabajando de una manera diferente y las que todavía no saben muy bien qué pasos seguir. La iniciativa ha despertado interés no solo entre los docentes, sino en la sociedad en general.

Sin embargo, algunos proyectos e instituciones no acaban de llevar bien todo este revuelo. Les ocurre principalmente a los que llevan años apostando por las pedagogías activas sin que se les preste atención ni apoyo, que ven ahora que se habla de los recién llegados como si hubieran inventado la pólvora. En otras ocasiones, lo que se critica es que se haya perdido la voluntad de transformación social con que nacieron estas pedagogías:

> ¿Por qué la inversión privada apoya esta iniciativa [EN21] y no a otras que se han propuesto en los últimos años? Tal vez, la presencia de escuelas privadas ha animado a estas empresas y a la banca a ayudar. La Caixa y la OCDE, que participan en el programa, velarán, lógicamente, por sus intereses. Podría ser que quisieran introducir su ideología, formando personas con el criterio del esfuerzo y responsabilidad individual de modo

> que si no tienen éxito es culpa suya, el sistema les ha dado oportunidades que no han aprovechado. Las circunstancias familiares, sociales, personales, las migraciones... no cuentan. La escuela debe ayudar a transformar la sociedad, debe potenciar el espíritu crítico y la cooperación entre las personas. La banca no quiere esta transformación. Más bien apuesta por un cambio y una adecuación a las necesidades de la economía del siglo XXI, para formar ciudadanos competitivos. Difícilmente los intereses empresariales (la banca es una empresa y da apoyo a las empresas) estarán en la línea de hacer una educación integral que tenga en cuenta los aspectos físicos, emocionales y relacionales, de ayudar a la autonomía personal o en la solidaridad... los poderosos nos quieren competitivos y consumistas. Podemos colocar al niño en el centro de los aprendizajes para hacerlo solidario, autónomo y competente o bien para hacerlo competitivo, individualista y adaptado al sistema imperante[2].

Por su parte, desde EN21, su director, Eduard Vallory, explica que ellos no se han atribuido el mérito de las innovaciones y que su único propósito es servir de catalizador para que estas se extiendan:

> No aspiramos a menos de lo que tiene el sistema público de educación de Finlandia, donde hay escuelas públicas autónomas, con proyectos educativos propios, con capacidad de seleccionar el profesorado en base a este proyecto educativo. Y en un marco en el que todo niño tiene garantizado que, vaya donde vaya, podrá disfrutar de un aprendizaje relevante y con sentido[3].

Preguntado sobre el peligro de poner la escuela al servicio únicamente de los conocimientos prácticos y la empresa, Vallory responde lo siguiente:

---

[2] Girona, J. M. (2016, 17 de mayo). «NOVA ESCOLA per al segle 21?». *El Diari de l'Educació*. http://diarieducacio.cat/blogs/rosasensat/2016/05/17/nova-escola-per-al-segle-21/ (La traducción es mía).

[3] *Una altra escola* (*30 minuts*, TV3, 2016).

> La escuela no debe ser un instrumento que se adapte al mercado, pero debe empoderar a las personas para que sean autónomas y tengan una vida plena. Y para dotarlas de esto no puede estar de espaldas a la realidad. Se debe encontrar un equilibrio[4].

¿Debe la escuela proponerse transformar el mundo o ayudar a quienes educa a desarrollar herramientas para sobrevivir en él? ¿Es lo primero irrenunciable y lo segundo pasar por el aro? ¿O es lo segundo empoderador y lo primero utópico? ¿Es posible conseguir ambas cosas a la vez, encontrar ese equilibrio del que habla Vallory?

Buscar el equilibrio parece deseable, pero no cabe duda de que no es tarea fácil. Hay muchos intereses en juego y asignaturas que, si solo nos guiamos por PISA, «distraen»:

> ¿Qué hacen PISA y la OCDE? Determinan, con un criterio arbitrario y que no se pone nunca en discusión, qué necesita aprender un joven para tener éxito. Esto debería ser motivo de un gran debate público: qué es necesario saber.
> No se puede tomar como dato el mercado, porque supone cristalizar un modelo de desarrollo social profundamente injusto que vemos que genera miseria, exclusión. Cómo hacer un manual de sobrevivencia en la selva.
> La primera pregunta es ¿queremos vivir en la selva? Si respondiéramos que queremos, en ese caso, discutamos qué conocimientos o competencias son necesarias.
> Haciendo esto y asumiéndolo como lo hacía el ministro Wert, que tenía una visión bastante particular de la educación y del desarrollo, te sobran un montón de disciplinas. Si para triunfar en la vida hay que hacer lo que dice la OCDE, ¿para qué necesitas la música? ¿Para qué sirve el arte, la sociología, la filosofía? ¿Para qué sirve pensar, inclusive, en la matemática como una herramienta de transformación? La matemática

[4] Capdevila, C. (2016, 10 de julio). «Eduard Vallory: L'escola ha de ser un projecte en permanent reconstrucció». *Ara*. http://www.ara.cat/suplements/diumenge/Lescola-ha-projecte-permanent-reconstruccio_0_1610838916.html (La traducción es mía).

que se aprende, es una matemática para los negocios, para la empresa, para la gestión, para el management. No es una matemática humana. Es una visión totalmente limitada, primitiva de la educación[5].

Sálvese quien pueda

—Hijo, ¿qué vas a ser de mayor?
—Proactivo, resiliente y asertivo.
—Cuenta con mi mentoring para empoderarte.
—Gracias por la sinergia.
@jordisan

Vivimos tiempos de desconcierto. El creciente malestar está llevando a un auge del «terapismo», la tendencia a convertir la más mínima desazón o cualquier conducta que no encaje en el ideal en objeto de terapia, en una especie de «consumismo del yo».

En la escuela convencional, los fabricantes de medicación para el TDAH han encontrado su gallina de los huevos de oro: una institución que se encarga de diagnosticar un síndrome que ella misma ayuda a provicar. Pero en el otro extremo, hay desaprensivos que se aprovechan de la desesperación de los padres y hacen negocio cambiando las viejas etiquetas por otras más *cool*.

El caso es etiquetar y que los «expertos» saquen tajada, a menudo con pseudoterapias y cursillos de lo más dudoso. No les resulta difícil en nuestra sociedad neurótica que busca únicamente el bienestar individual. Se salta de terapia en terapia porque ninguna puede parchear suficientemente problemas que no son ni individuales ni familiares:

---

[5] Gutiérrez Del Álamo, P. (2016, 3 de octubre). «Pablo Gentili: La OCDE imbeciliza el concepto de conocimiento». *El Diario de la Educación*. http://eldiariodelaeducacion.com/2016/10/03/pablo-gentili-la-ocde-imbeciliza-concepto-conocimiento

> Una de las teorías psicológicas más potentes, la psicología cognitiva, dice que lo que importa no son las cosas sino la idea que tú tienes respecto de las cosas. Eso está bien en una terapia en que lo que intenta una persona es creer que si cambia su manera de pensar sobre una cosa, cambiará su comportamiento. Pero esto puede ser también de un conservadurismo político terrible: «No te preocupes de las cosas, cámbiate a ti mismo y deja que las cosas vayan como vayan». Hay cosas que no tienen solución psicológica, tienen solución económica, social o política. [...]
> [A la psicología] todo el mundo le ha ido demandando más cosas. Ahora, en cualquier suceso, lo primero que se dice es que a quien sea le acompañó un equipo de psicólogos. Hay una especie de idealización. Tú solo no serás capaz de enfrentarte a nada, necesitas la ayuda de un psicólogo. Yo creo que la educación que tenemos que dar es la de enseñar a prescindir. Yo tengo que ser capaz de gestionar mi propia vida sin necesidad de estar pendiente de un consejero espiritual. Eso déjalo para los momentos verdaderamente importantes. Todo es un problema. O eres demasiado simpático o eres poco sociable. Tienes demasiado sexo o tienes poco sexo[6]...

Es cierto que un niño difícilmente podrá interesarse por aprender si en su entorno hay problemas graves o si la relación con su familia es mala. La escuela tradicional elude estas cuestiones. El problema es que, como reacción, se puede acabar cayendo en entender la escuela como un espacio meramente terapéutico y olvidando su función educativa. Pretender que, antes de aprender nada, la vida del niño deba ser una balsa de aceite.

La realidad —toma perogrullada— nunca es perfecta. En las vidas de niños y adultos continuamente surgen tensiones y conflictos por resolver. Sin embargo, en nuestra época carente de referentes reales, los expertos se aparecen como los encargados de guiarnos hacia modelos ideales. De contravenirles, nuestros hijos manifestarán

[6] Capdevila, (2015)

en el futuro problemas de todo tipo. Sus propuestas no suelen exponerse como consejos, sino como advertencias basadas en evidencias científicas.

Aspirar a ser «la mejor versión de uno mismo» o a «la supersalud», puede quizá funcionar como ideal regulativo, pero si estos propósitos se convierten en obsesión, la consecuencia es una desvalorización de la vida posible y una dependencia *sine die* de quienes «conocen» las claves para ser las mejores madres, padres o tener las infancias más plenas[7].

Lo más angustioso, si se les sigue el juego, es que los mismos expertos no se ponen de acuerdo entre ellos. Las contradicciones comienzan ya en la crianza, cuando unos aconsejan el colecho, mientras otros recomiendan dejar al niño dormir solo en su habitación, aunque llore. Carolina del Olmo lleva a cabo en *¿Dónde está mi tribu?* una disección de las teorías de «adultocéntricos» y «niñocéntricos» y llega a la siguiente conclusión:

> No se trata de seguir indagando en los factores biológicos o psicológicos —siempre individuales— que hacen de una persona algo así como una buena madre responsiva, sino de imaginar cómo debería ser nuestro entorno para que a todos nos sea posible ser buenas madres. Necesitamos una organización social en la que ser madre no implique salirse del mundo ni hacer equilibrios imposibles; en la que participar activamente en la vida común no signifique mutilar la experiencia maternal ni externalizar el cuidado; en la que todo el mundo entienda y proteja la importancia de los cuidados. Es cierto que hace falta toda la tribu. Una tribu

[7] En un capítulo de *Los Fraguel*, Dudo, el fraguel indeciso y apocado, va a ver a «El Convincente John», una especie de *coach* que te puede convencer de cualquier cosa. El Convincente ayuda a Dudo a convertirse en un fraguel extremadamente resuelto y decidido, hasta el punto de que su comportamiento pasa a ser intransigente y temerario. Después de un accidente, sus amigos le obligan por la fuerza a visitar de nuevo al Convincente para que le deje como estaba. Al llegar, le pillan en pijama, dudando con qué pie levantarse o qué camisa ponerse. Dudo, claro, se queda patidifuso... Sin duda, resultaría extremadamente «liberador» y esclarecedor para muchas personas poder ver a sus «consejeros espirituales» en su casa recién levantados. Entre el derrotismo y el ideal aplastante, es posible encontrar un sano término medio.

> que nos permita ser madres y ser otras muchas cosas más a la vez; que nos permita elegir de verdad y, en el mismo acto, comprometernos. No una sociedad que nos fuerce a decantarnos por opciones igualmente defectuosas y a dar la espalda a lo que son ingredientes irrenunciables de nuestra constitución como personas[8].

Solemos olvidar que somos seres sociales, enmarcados en un contexto específico, como también lo es la escuela. Sin embargo, los «expertos» suelen presentar sus propuestas como si fueran universales —a pesar de que a menudo su cientificidad sea bastante cuestionable—.

Aún así, enfoques como la «pedagogía sistémica» seducen cada vez a más profesores. Su virtud consiste en tener en cuenta cómo se siente el niño, así como en poner de relieve que estamos inmersos en un sistema de relaciones, y que cuando un elemento del sistema cambia los demás se ven afectados. Para los críticos, sin embargo, esto no tiene nada de novedoso y en el *pack* se incluyen elementos que deberían quedar fuera de la escuela:

> Hace cuarenta años, en la escuela pública donde trabajaba, todo el claustro era consciente de la necesidad de contar con las familias de nuestro alumnado: visitábamos las casas, conocíamos a las que no podían acercarse a la escuela y hablábamos; éramos conscientes de que sin la colaboración y la participación de los familiares los niños no avanzarían. No es innovadora, esta premisa. Sí son innovadoras y extrañas las prácticas esotéricas que las acompañan y ciertas afirmaciones teóricas que las sustentan. [...] ¿Los pecados de los padres marcan a los hijos hasta la tercera generación? ¿Las constelaciones familiares pueden explicar las situaciones negativas o problemáticas que vivimos? ¿Cualquier persona puede representar un familiar y actuar como si fuera él?

[8] Del Olmo, C. (2013). *¿Dónde está mi tribu?*. Madrid: Clave intelectual.

¿Existen energías presentes en las personas y se pueden transmitir por el éter? [...]
No sé, yo siempre había pensado que maestros y profesores teníamos que intentar educar a los niños y adolescentes que teníamos en las aulas. Que teníamos que enseñarles cosas valiosas para su presente y futuro. Que teníamos que intentar educarlos con criterios, para que aprendan a distinguir entre saberes y creencias, entre conocimientos y opiniones. [...]
Las prácticas que hemos relatado no han sido validadas, quedarían en el terreno de las creencias. Todas las personas, los enseñantes también, podemos tener nuestras creencias, que nos pueden ayudar a vivir y ser felices, pero... ¿tenemos derecho a inculcárselas a los alumnos? ¿Tenemos derecho a traspasar creencias a niños o adolescentes que se fían de nosotros, que esperan que no les engañemos, que esperan que les ayudemos a crecer y madurar con un poco de espíritu crítico? Criticamos, con razón, el nuevo currículo de religión de la LOMCE, que implica explicar creencias religiosas al alumnado, pero ¿solo las creencias religiosas son criticables? [...]
Quizás una teoría que recalca la interpretación de los hechos y de las situaciones, más que el esfuerzo para cambiarlos, se hace de fácil aceptación; quizás remarcar la importancia del sistema ayuda a sentir menos la responsabilidad individual si nuestro alumnado no mejora; quizás promover la evitación de los conflictos hará que no pongamos en cuestión las directrices de las administraciones; quizás unas formaciones privadas, que se han de pagar religiosamente, son un buen negocio para quien las promociona y ofrece. [...]
Las personas no vivimos solas; somos sociables, compartimos, nos ayudamos e interrelacionamos a lo largo de toda la vida. Somos miembros de diferentes grupos, empezando por el familiar, pero no nos diluimos en el conjunto, sino que conservamos nuestra individualidad y somos responsables de lo que hacemos cada uno de nosotros[9].

[9] Girona, J. M. (2015, 12 de marzo). «"Pedagogia" sistèmica: educació o esoterisme?». El Diari de l'Educació. http://diarieducacio.cat/blogs/rosasensat/2015/03/02/pedagogia-sistemica-educacio-o-esoterisme

En la misma línea de buscar una supuesta salvación individual, han surgido escuelas presuntamente alternativas que venden su proyecto explicando que solo los niños que aprendan a ser emprendedores —gracias a ellos, claro— conseguirán salir adelante. Que ya no valen las fórmulas educativas desarrolladas durante la Revolución Industrial para educar a niños del siglo XXI, que se tendrán que enfrentar a desafíos muy diferentes y que tendrán a su disposición toda la información que necesiten en su *smartphone*.

Es cierto que la clase media está desapareciendo, sencillamente porque están dejando de existir los oficios que desempeñaba. Los padres ya no cuentan a sus hijos la fábula de la hormiga y la cigarra, después de que muchas hormigas perdieran todos sus ahorros invirtiendo en las preferentes, o que se las dejara en la calle sin contemplaciones después de años de duro trabajo. Si nada cambia, en el futuro solo habrá empleos de calidad para unos pocos; del resto, algunos desempeñarán los oficios que todavía no hayan podido ser automatizados, mientras que una mayoría tendrá que hacerse a la idea de que ya no volverá a trabajar... ¿qué hacer con ellos? Ya se están poniendo en marcha estrategias para que se mantengan en calma. La primera es cambiar los conceptos. El trabajo ya no es un derecho —cuando se necesitaba que todo el mundo trabajara, sí lo era—, sino algo que cada uno se tiene que buscar. En EE. UU. hace ya tiempo que es así. El sueño americano defiende un mundo lleno de oportunidades, donde si uno es un perdedor es porque quiere. Quienes están en paro o trabajan en hamburgueserías por 7 dólares la hora es porque no han sido capaces de tener ideas brillantes o no se han esforzado lo suficiente. Mientras tanto, un ejecutivo puede ganar en una hora lo mismo que ellos en tres meses[10].

---

[10] Lozano, L. (2013, 27 de diciembre). «El sueldo de pobre en Estados Unidos». *La Vanguardia*.

En nuestro país ya comenzamos a ver con normalidad que haya trabajadores que no pueden cubrir sus necesidades básicas. Hay economistas que en lugar de buscar soluciones se limitan a certificar la situación y profetizan que en el futuro todos los ciudadanos contarán con una renta básica que les permita al menos pagarse la marihuana, para que estén tranquilitos[11].

Viene de aquí la actual obsesión por la «emprendeduría», que afecta a centros tanto privados como públicos y que reviste el peligro de que la secundaria quede reducida a una especie de FP en la que los alumnos hacen inventillos. Cual bella durmiente, los chavales de entornos desfavorecidos pueden acabar poniendo todas sus esperanzas en que pase por allí una compañía de refrescos a patrocinarles —es el tipo de historias que le gusta contar a Ken Robinson—. Mientras crean en esa posibilidad, como un burro con una zanahoria delante, seguirán tirando, sin cuestionarse a dónde van o qué porcentaje de emprendedores consiguen realmente vivir de sus ideas. Si el mecenas no acaba de llegar, tal vez pidan un microcrédito. Estarán, aunque sea por un momento, ayudando a hacer girar el engranaje de una fiesta a la que no han sido invitados.

¿Aprender a aprender qué?

Una de los amenazas que planean sobre la educación actual es que se ha convertido en un negocio apetecible.

---

http://www.lavanguardia.com/lectores-corresponsales/20131227/54398554255/sueldo-minimo-pobre-estados-unidos.html

[11] Revista Rambla, (2016, 20 de abril). «Niño Becerra: En el futuro se deberá garantizar una renta básica, marihuana legal y mucho ocio gratis». *Revista Rambla*. http://revistarambla.com/nino-becerra-en-el-futuro-se-debera-garantizar-una-renta-basica-marihuana-legal-y-mucho-ocio-gratis
Afortunadamente, también hay quienes plantean alternativas más racionales y dignas, como el reparto del trabajo. Después de todo, se suponía que las máquinas iban a conseguir la reducción de la jornada laboral, no que unos pocos sigan trabajando mucho y otros nada.

Aunque el ascensor social se encuentre algo atascado, siempre parece mejor opción contar con una buena formación. Lo que no está tan claro es qué sentido tienen hoy estas palabras. Se repite como un mantra que ahora lo importante es «aprender a aprender», porque el mundo cambia a una velocidad de vértigo y no podemos saber qué conocimientos serán útiles dentro de diez años, ya que la mayoría habrán caducado.

Esta opinión es, sin embargo, muy discutible. Primero, porque no es muy probable que la ley de la inercia, el principio de Arquímedes o las causas de la II Guerra Mundial vayan a caducar o a pasar de moda. Cierto es que la ciencia avanza, y visiones que parecían inmutables se modifican. Desde hace una década, por ejemplo, Plutón ya no es considerado uno de los planetas del sistema solar. Pero también es cierto que en una sola generación se dan muy pocos de estos cambios. Y que la historia se revisa, pero para revisarla es necesario conocerla. En algunas facultades de informática todavía se aprende a programar con Pascal, un lenguaje que no se utiliza en la empresa, pero que resulta muy adecuado para entender la lógica de la programación.

Sin embargo, el conocimiento aparece ahora bajo sospecha. Como si la escuela solo debiera ocuparse de trabajar las competencias. Y como si esas competencias pudieran funcionar en el vacío, cuando la realidad es que no es posible desarrollar algunas de estas competencias como la capacidad de análisis o de síntesis si no se tienen conocimientos en absoluto.

Comprendemos mejor un texto si ya contábamos con cierta información previa, si podemos contextualizarlo. Competencias y conocimientos son interdependientes. Si se da a unos alumnos un texto sobre béisbol para que lo lean, lo entenderán mejor los que anteriormente ya sabían algo del deporte, independientemente de si en teoría son buenos o malos lectores. Y esto no cambia ni siquiera si previamente se han explicado las reglas para que todos sepan de qué se está hablando[12].

Una cosa es ser capaz de juntar la *m* con la *a*, *ma* y otra entender verdaderamente lo que se está leyendo. Influye el vocabulario con el que se cuenta, así como la variedad de experiencias ya vividas. Es una de las razones por las que antes de ir a un colegio o a otro, los hijos de las familias acomodadas parten con ventaja. Ya han viajado, han visitado museos. Si «dinero llama dinero», igualmente «conocimiento llama conocimiento». Resulta también difícil que haya creatividad sin él, porque la imaginación se apoya en lo que ya conocemos. Del mismo modo, no es posible desarrollar el análisis crítico sobre un conocimiento superficial.

Es cierto que el sistema educativo actual es heredero de las necesidades de la Revolución Industrial. El crecimiento económico requirió entonces adiestrar a las masas que llegaban del mundo rural para que fueran capaces de leer y entender instrucciones sencillas así como de realizar pequeños cálculos. Eran también necesarios los burócratas. Ni a unos ni a otros se les pedía que tuvieran iniciativa, creatividad o sentido crítico; eso, si acaso, se dejaba para los ingenieros. El error era por supuesto penalizado, sobre todo si provenía de haberse saltado el guión. Ciertamente, la escuela está en este sentido desfasada.

¿Pero por qué ahora parece que nos estamos yendo al otro extremo? ¿Qué hay detrás de tanta insistencia en que ya no hace falta aprender nada, en que lo único que importa es ser creativos y «aprender a aprender»? ¿Hay un interés sincero por los niños? El sociólogo Olmedo Beluche no tiene dudas de que la educación por competencias está promovida por organismos como el

---

[12] Willingham, (2011)

Banco Mundial, que lo que buscan es simple y llanamente defender los intereses de las empresas:

> En busca de esos objetivos, los conocimientos técnicos o especializados ya no son tan importantes, por un lado, porque pasan a ser controlados por una élite mundial cada vez más estrecha; por otro, porque los procesos de trabajo son tan genéricos que no requieren más que una base elemental y capacidad para aprender trabajando. Lo que Carlos Marx llamaba «trabajo abstracto» que remplaza al «trabajo concreto». El «arte» o capacidad personal del trabajador cada vez importa menos, porque los procesos de trabajo permiten que cualquiera pueda ser reemplazado.
>
> La idea es que hay que iniciar desde la formación temprana de los trabajadores, cuando aún son niños o jóvenes. Para ello, los énfasis de la educación deben cambiar, ya no interesa tanto el aprendizaje en sí (es decir, los conocimientos técnicos o profesionales), sino las actitudes. Porque la empresa privada lo que pide a la escuela es que le entregue personal dócil y maleable, capaz de afrontar situaciones críticas sin rebelarse[13].

El contenido pasa a ser poco menos que una excusa. Por ejemplo, si se está estudiando la estructura de la célula, «importa más si el estudiante usó "data-show" [proyector], si trabajó en grupo, si tiene una personalidad comunicativa, a si en verdad comprendió la esencia del asunto». Si los alumnos adquieren conocimientos o no, es lo de menos, de lo que se trata es de que desarrollen la capacidad de aprender rápido, ya que la mayoría de ellos se pasará la vida alternando el paro con las más variadas ocupaciones poco cualificadas. Una temporada tocará aprender a manejar un toro mecánico y a la siguiente un poco de ventas para dedicarse al *telemarketing*. Y cuando les despidan, que no se quejen: que sean creativos y monten una *startup*.

---

[13] Beluche, O. (2013, 24 de junio). «La pedagogía del opresor: educación por competencias». *Argenpress*. http://www.argenpress.info/2013/06/la-pedagogia-del-opresor-educacion-por.html

Lo estamos viendo ya: las clases medias desaparecen, y una élite desempeña los trabajos más especializados. El trabajo que antes ocupaban los cajeros de los bancos o los empleados de las agencias de viajes, se va sustituyendo por aplicaciones que permiten hacer prácticamente lo mismo desde casa. Incluso los cajeros de los supermercados están siendo reemplazados por cajas automáticas. A quienes desarrollan estos dispositivos también les es necesario estar continuamente aprendiendo, con la diferencia de que a ellos sí se les exige, aparte de creatividad, tener conocimientos, y muy concretos[14]. Las primeras víctimas de este proceso han sido asignaturas como la filosofía, «saberes muertos» que a lo que ayudan es a desarrollar el pensamiento crítico. Algo muy poco productivo.

Quienes hayan estudiado en la Universidad Complutense recordarán el grupo escultórico que representa a un anciano que, antes de morir, entrega la antorcha a un joven jinete. El fuego que Prometeo robó a los dioses es así recibido como herencia. Hace unos años, durante un «macrobotellón», algún borracho robó la antorcha. En las fotos posteriores se puede ver al anciano, que persevera en su gesto pero ya no sostiene nada... ¿una metáfora de nuestra época? Lo que desde los griegos se ha considerado lo suficientemente valioso como para ser transmitido de generación en generación puede perderse, como no abramos los ojos, en la actual. El jinete continúa con la mano extendida, pero ahora solo encuentra vacío.

Frente a la rigidez de las viejas estatuas, el término «flexibilidad» se alza como tótem de la nueva economía. Goza de buena prensa... ¿quién querría ser inflexible? Las viejas empresas extremadamente burocratizadas,

---

[14] Una mala interpretación de la teoría de las inteligencias múltiples pretende que la escuela solo se debe ocupar de desarrollar lo que a cada niño se le dé mejor. Si del resto de los saberes sale sin tener ni idea, es lo de menos. El éxito económico certificaría los beneficios de la especialización absoluta. No importa ser un completo alcornoque más allá de la estrecha parcela del universo que se controla, siempre que se gane dinero.

resultaron poco ágiles para adaptarse a los cambios. Ahora se defiende el dinamismo y la capacidad de «pivotar». Probar una estrategia, y si no funciona, ser capaz de adoptar otra rápidamente. Pero la nueva flexibilidad empresarial acarrea otras implicaciones: flexibilidad de los costos de trabajo (reducción de los salarios, «y si os parece mal, nos llevamos la fábrica a China»), flexibilidad numérica (contratos temporales y despidos), flexibilidad funcional (que los trabajadores que se mantienen pasen a realizar todo tipo de tareas)[15]... Esta nueva manera de concebir el mundo laboral ha calado, a veces de una manera acrítica, en el discurso de quienes defienden que no podemos educar a los niños del siglo XXI con nuestra cosmovisión del siglo XX. ¿Cómo se puede afirmar que los niños del mañana serán «ciudadanos del mundo» porque les tocará irse a otros países si es que quieren trabajar? Viajen en avión o en patera, se tratará de migrantes económicos. Las cosas, por su nombre.

Nada de esto tiene que ver con los objetivos originales de las pedagogías activas, que nacieron con el propósito de ofrecer una educación integral. Una de las críticas recurrentes a la educación convencional era lo condicionada que se encontraba por el sistema económico. Por eso ahora resulta tan inquietante esta vuelta de tuerca, en la que la nueva economía esta haciendo suyas algunas de las ideas propias de la educación alternativa —el aprendizaje autoguiado, la apuesta por la creatividad, la resiliencia o la capacidad de trabajar en equipo— para satisfacer sus nuevas necesidades.

---

[15] Munck, R. (2008). *Globalización y trabajo: la nueva «gran transformación»*. Barcelona: El Viejo Topo.
Sobre los efectos de la flexibilidad a nivel psicológico, v. Sennet, R. (2000). *La corrosión del carácter: las consecuencias personales del trabajo en el nuevo capitalismo*. Barcelona: Anagrama.

¿Para qué los maestros en los tiempos de la Wikipedia?

¿Qué hubiera ocurrido si en el siglo XVIII se hubiera llegado a la conclusión de que ya no hacían falta sabios, porque la Enciclopedia ya lo sabía todo? Sencillamente, que ya no habría tenido más ediciones. El conocimiento humano se habría estancado allí. Nadie pensó eso, afortunadamente, y eso que la Enciclopedia era mucho más rigurosa que su versión contemporánea, la Wikipedia.

Hoy en día, sin embargo, es cada vez más corriente escuchar que ya no hace falta saber nada, porque tenemos todo el conocimiento en el móvil. La sociedad vive obnubilada con internet y parece no darse cuenta de que las mayores virtudes de este medio —su carácter participativo y su inmediatez— pueden ser sus mayores defectos. Precisamente porque en internet puede escribir cualquiera y decir lo que quiera, es un medio que requiere contar con el criterio suficiente como para diferenciar los contenidos con fundamento de lo que son simples «cachipegos» o, directamente, mentiras y manipulaciones.

La misma Wikipedia es con frecuencia víctima de vándalos que modifican los artículos incluyendo informaciones falsas, con más o menos gracia. Ocurrió por ejemplo con la entrada sobre Juan José Millás, cuya biografía pasó a resumirse en «Divorciado de su primera mujer, Carmen Laforet (de la cual se divorció debido a que le confesó su homosexualidad en su noche de bodas), se casó con Sándor Márai en una boda sin muchos lujos en una playa en las Islas Canarias». Al respecto, escribió Millás:

> Internet es un territorio fabuloso porque nada se respeta en él. Carece de normas de educación, de reglas gramaticales, de límites morales. Los artículos científicos están a la misma altura que los paracientíficos y lo normal al mismo nivel que lo paranormal. A menos que seas un experto en el tema, te

puedes tragar el mayor disparate del mundo y digerirlo como una verdad fundamental[16].

Afirmar, como hacen algunos, que «Google lo sabe todo», suena bastante optimista. Google no es el oráculo. Solo hace falta buscar «cura del cáncer» para encontrarse las más variadas respuestas, que si no fuera por lo serio del tema, darían para echarse unas buenas risas. Borges imaginó en *Del rigor en la ciencia*, un imperio empeñado en elaborar mapas cada vez más perfectos, con el ideal de llegar a la escala 1:1. Finalmente se alcanza el objetivo de tener un solo mapa, tan desmesurado, que coincide punto por punto con el imperio, por lo que resulta absolutamente inmanejable e inútil. Internet es eso. Más inmanejable aún, porque se superponen mapas falsos y de diferentes escalas. Internet es tan enorme y caótico que no sirve para orientarse. O sí, pero solo si se tiene algo de criterio, que permita diferenciar las churras de las merinas. Si un extraterrestre llegara a la Tierra y se conectara a la Red, ¿qué clase de civilización concluiría que somos? Es probable que pensara que básicamente nos dedicamos a la pornografía, a hacer fotos de comida y a grabar vídeos de gatitos que cantan.

No deja de ser curioso que siendo hoy la información más accesible que nunca —Google ha digitalizado y puesto a disposición pública millones de libros— no se haya notado que ahora se escriban mejores tesis ni en mayor número. Parece que «más» no implica necesariamente «mejor». Para Nicholas Carr —autor de *¿Google nos está volviendo estúpidos?* y *¿Qué está haciendo Internet con nuestras mentes? Superficiales*— el uso intensivo de internet está dañando nuestra capacidad de concentración, provocando un déficit en nuestra memoria y afectando a la forma en que procesamos

[16] Millas, J. J. (2008, 11 de marzo). Venenos de efecto retardado. *Interviú*. (http://www.interviu.es/opinion/papel-mojado/venenos-de-efecto-retardado)

la información. Hay quien llega a pensar que todo esto forma parte de una campaña para atontarnos y que consumamos aún más mansamente. Sea algo premeditado o casual, lo que no se entiende es que haya defensores de una educación integral de la persona que a la vez se posicionan del lado de los que ven la panacea en las nuevas tecnologías, sin cuestionarse más... Si las TIC son la respuesta, ¿cuál era la pregunta?[17]

A este paso, acabaremos convertidos en un mero interfaz entre el *smartphone* y el mundo. En intermediarios que hacen clic en los «Me gusta» de Facebook, sin ser capaces de llevar a cabo ningún cambio en la realidad. Con la generalización del desprecio por la memoria, pueden decirnos un día una cosa y al día siguiente la contraria, y nos la cuelan. Si alguien se da cuenta y lo dice en su cuenta de Twitter, tendrá que competir por hacerse oír entre otros tropecientos *tweets* y *retweets* que le irán sepultando en la línea de tiempo. Lo de ayer ya es prehistoria.

Internet nos tiene hiperinformados, pero no sabemos nada. No hay tiempo, con tal avalancha de información. Tampoco la pantalla es el mejor medio para leer un texto medianamente largo. Los ojos se resienten y continuamente nos topamos con hiperenlaces y banners que nos distraen de lo que estamos leyendo... ¿Cuántas veces hemos ido al ordenador a hacer algo, nos ha llamado la atención otra cosa, y cuando al cabo del rato hemos tenido que apagar el ordenador ha sido cuando nos hemos acordado de por qué lo habíamos encendido?

Los artículos de los diarios tienden a ser cada vez más cortos, incluso los que se editan en papel. Los escritores se lamentan, pero se pliegan a las nuevas exigencias pensando que tal vez su tiempo ya ha pasado y que en el actual son como dinosaurios condenados a la extinción. Algunos medios ya no confían ni en que los lectores

---

[17] http://manifesto15.org

vayan a leerse una página entera de un dominical. Y estoy hablando de eso, de una cara de un suplemento en prensa generalista, no de un estudio erudito. Cada vez nos quedamos más en la superficie de las cosas.

A la vez, gracias a Internet podemos tener acceso a información de la que los grandes medios no hablan, como en el caso del TTIP. También ha facilitado que los ciudadanos contemos con más datos sobre la gestión pública. Se pueden realizar cursos de gran calidad *online*. Existen comunidades muy activas en las que es común colaborar, ayudar a otros con sus dudas y trabajar conjuntamente a pesar de la distancia geográfica. No todo es malo, obviamente. Lo que es más cuestionable es que ya no se necesiten maestros porque «en el *smartphone* está todo».

No hace tanto, los saberes artesanales eran tenidos por bajos, mientras que cuanto menos útil era un saber, más prestigioso se consideraba. Poder haber dedicado tiempo a materias de las que no se podía sacar beneficio económico era distintivo de las clases altas. Ahora hemos pasado al extremo opuesto: todo lo que no ayude a conseguir un trabajo se desprecia.

¿No debería ser la escuela un microcosmos donde poder descubrir todo tipo de saberes? Un entorno tan rico que permitiera a los adolescentes no solo encontrar su vocación, sino otros muchos conocimientos que ampliaran su visión, independientemente de modas y prejuicios. Un oasis al margen del ritmo frenético que impone la sociedad, donde se pudiera desarrollar una mirada propia, más pausada, capaz de concentrarse, de profundizar. En lugar de eso, veo escuelas que van de innovadoras porque enseñan a usar internet a los niños. Niños que en la mayoría de las ocasiones ya saben más que el profesor. «Aprender a aprender» no es hacer un trabajo copiando el texto de la Wikipedia. A un profesor al que el ordenador se le resiste, le puede parecer asombroso que sus alumnos sepan incluso maquetar con cierta gracia, alineando una foto donde ellos quieren... pero con eso ni están aprendiendo sobre el tema, ni van a conseguir un trabajo siquiera medianamente cualificado. Ser documentalista es mucho más que hacer un *copy/paste* de *El rincón del vago.*

El actual rechazo a la pedagogía tradicional es la reacción a la educación vertical, basada en la acumulación de datos sin vida, que nosotros hemos sufrido. Datos de los que pasados los años apenas queda nada, que ni nos hicieron más felices ni nos han sido útiles profesionalmente. ¿Para qué nos teníamos que aprender de memoria la fecha del nacimiento de Lope de Vega a una edad en que no podíamos entender sus textos? Ni siquiera nos servía para contextualizarlo en su época, porque las diferentes asignaturas eran compartimentos estancos y en historia estábamos estudiando otro periodo. Tampoco sabíamos de quién era contemporáneo, porque al llegar al siguiente autor ya se nos había olvidado cuándo había nacido Lope, sobre todo si ya habíamos aprobado el examen en el que nos lo habían preguntado.

Realmente, para un saber así, mejor que sean las bases de datos las que se encarguen de almacenarlo. Aún no entiendo qué sentido tenía todo esto. Ni el auge de las pruebas tipo test. Todo esto me recuerda a un cuñado mío que se estudiaba las preguntas del Trivial para retar a mi suegro —una de las personas más cultas que he conocido— y, para sorpresa de todos, le ganaba. Mi suegro se enfadaba muchísimo, porque era muy competitivo y le fastidiaba perder frente a alguien que en realidad no sabía más que él. Pero si por algo debería haberse indignado entonces, como nos deberíamos indignar ahora nosotros, es por esa pretensión que algunos tienen de hacernos confundir el saber con la acumulación. Quien aporta algo al conocimiento es porque es capaz no ya de limitarse a almacenar información, sino de asimilarla, relacionarla con lo que ya se conoce y llegar a nuevas conclusiones.

A la muerte de Martín de Riquer, Ignacio Orovio publicó un artículo disertando sobre estos temas. En él, opinaba el medievalista Carles Mancho:

> En ciertos estudios son necesarios los expertos que lo sepan todo, aunque todo esté en Google, porque para hacer estudios sobre literatura occitana, por ejemplo, debes saber historia, cultura, lengua y geografía occitanas. Por mucho que todo ello esté en internet[18].

Y continuaba afirmando:

> [Martín de Riquer] no era un erudito, porque no era mera acumulación, sino digestión. Su gran aportación ha sido saber relacionar, jerarquizar, haber hecho una buena digestión de todo su saber. Para eso fue fundamental que salió de los libros, viajó, fue a congresos, conoció gente... El humanismo no es la acumulación.

Rebelémonos. Rebelémonos contra el saber estéril, contra el memorizar por memorizar. Pero que no nos quiten el placer de saber, de descubrir, de ser capaces de establecer relaciones y dar un significado. Solo de nosotros depende no dejarnos confundir. Solo de nosotros depende discernir para qué es útil internet y en qué se diferencia de la mente humana, en qué no podrá nunca suplirla. Acababa sentenciando Mancho sobre Riquer:

> Además, supo transmitir: si hablaba de un trovador, los alumnos salían de clase y se iban a ver dónde vivía aquel trovador.

Eso es un maestro. Google es otra cosa.

---

[18] Orovio, I. (2013, 19 de septiembre). «Sabios ¿para qué?». *La Vanguardia*.

Capítulo 9: Tigres y leones

Tigres TIGRES,
leones LEONES,
todos quieren ser los campeones.
TORREBRUNO

Ya Platón consideraba que todo conocimiento requiere un esfuerzo; que, de hecho, el hombre prefiere permanecer encadenado en una caverna, contentándose con ver unas sombras proyectadas a las que confunde con la realidad, antes que salir y exponerse a la cegadora luz del sol —algo que no hará si no se le fuerza mediante la violencia—. Por su parte, su discípulo Aristóteles, era mucho más optimista y declaraba que todos los hombres tienen por naturaleza el deseo de saber. Defendía que el placer que nos causan las percepciones sensoriales era la mejor prueba.

Toda la filosofía occidental puede entenderse como un diálogo entre Platón y Aristóteles, y sucede algo parecido con la pedagogía. A lo largo de su historia se ha dado una discusión entre platónicos y aristotélicos, adultocéntricos y roussonianos, conductistas y cognitivistas, tradicionalistas e innovadores.

El debate, sin embargo, no siempre ha sido fructífero, y a menudo ha quedado en la mera confrontación. Es lo que sucede hoy en día. La situación actual del sistema educativo provoca reacciones muy polarizadas. Cada vez se habla más de las pedagogías activas, al tiempo que crece el número de sus detractores[1]. Difícil es el diálogo si los

[1] En realidad, la frontera entre unos y otros no está tan clara como pudiera parecer a primera vista. En Summerhill hay clases magistrales, mientras que la descripción que hace Alberto Royo en *Contra la nueva educación* de una de sus clases demuestra que no tienen nada que ver con el formato tradicional.

«alternativos» no ven en la educación tradicional sino una forma de perpetuar los privilegios de clase, mientras que los «tradicionalistas» juzgan a las pedagogías activas de mera palabrería *new age* que fomenta el libertinaje.

De continuar así, pronto veremos en las librerías una nueva subsección dedicada a las publicaciones que critican estas pedagogías. Títulos como *Panfleto antipedagógico*, de Ricardo Moreno, *La escuela contra el mundo*, de Gregorio Luri o *Contra la nueva educación*, de Alberto Royo, ocuparán sus anaqueles. Son libros escritos por profesores que se muestran escandalizados frente al bajo nivel académico y la ausencia de civismo de sus alumnos. También suelen tener en común que sus autores trabajan en la escuela pública. (¿Será que no ocurre lo mismo en la privada? ¿O es que los de la privada no se sienten tan libres a la hora de opinar?).

El remedio que encuentran siempre es volver atrás, a la escuela que ellos conocieron, a valores como la disciplina, la autoridad y el esfuerzo. Las llamadas «nuevas pedagogías» no les parecen parte de la solución, sino del problema:

> Los alumnos no cambiaron de comportamiento, hábitos y costumbres por sí mismos. Ni siquiera únicamente por la ley ni por los medios de comunicación, aunque ambos favoreciesen el nuevo sistema de valores: los padres tuvieron mucho que ver. «Fue esa moda de que a los niños no se les puede contradecir, que tienen que ser creativos y libres», explica la autora. «Fíjate ahora que los que lo defendían son los mismos que se han enamorado de la expresión "poner límites". Pero era lo que decíamos todo este tiempo cuando nos ponían verdes por hacerlo. Poner límites es establecer normas, sancionar»[2].

---

[2] Barnés, H. (2015, 21 de abril). «Cómo la educación española se echó a perder, contado por una profesora veterana: Luisa Janate y su *Elogio del profesor*». *El Confidencial*. http://www.elconfidencial.com/alma-corazon-vida/2015-05-29/esto-es-a-lo-que-dedican-su-tiempo-los-profesores-aunque-no-lo-quieran_859151/

Como hemos visto en páginas anteriores, para la pedagogías alternativas poner límites no es sancionar. Sin embargo, estos autores suelen meter a todas en el mismo saco, acusándolas de fomentar el libertinaje. La realidad es que niños mimados se encuentran en las escuelas alternativas y en las tradicionales, porque es un problema que se cuece en casa. Pero por lo que explican estos docentes, es en la escuela convencional dónde hay más libertinaje y un mayor número de adolescentes opinando sin ser capaces ni de argumentar ni de escuchar al otro.

En la práctica, además, sería muy difícil volver atrás. Como explica el sociólogo Fernández Enguita, el sistema funcionó en el pasado porque escolarizaba «mucho a pocos y poco a muchos»:

> Se ofreció una escolaridad larga e intensa, con abundantes recursos, a una minoría privilegiada; breve, superficial y escasa de recursos a una mayoría creciente, sin llegar a la universalidad prácticamente hasta las puertas de la reforma comprehensiva [...]. Mientras se escolarizó mucho a pocos, el sistema pudo resultar al menos nominalmente uniforme, primero, porque la escolaridad estaba hecha a su medida (la de las clases medias, urbanas y cultas), y segundo, porque de hecho había cierta diversificación apoyada en la importancia de la escuela privada y en el carácter elitista de la pública académica[3].

Mientras se escolarizó poco a muchos, la uniformidad pudo salir adelante. Se asumía que una importante porción del alumnado «no valía para estudiar» (pruebas de ingreso y reválidas se ocupaban de la criba), de modo que quedaba fuera. Pero cuando la educación obligatoria pasó a ser universal, comenzaron a compartir las aulas alumnos de procedencias muy diversas. Obtener los mismos resultados basándose en las antiguas soluciones ya no parece posible.

---

[3] Fernández Enguita, (2016)

Aún así, parece que es lo que persigue la última legislación en materia de educación. La LOMCE —mientras escribo estas líneas, en vigor, aunque recurrida— defiende abiertamente la segregación, afirmando que «cada alumno tiene su talento. La naturaleza del talento difiere entre ellos. Por eso son necesarias diferentes trayectorias». El fracaso escolar se penaliza, en lugar de ponerse medidas para combatirlo.

Los defensores de la meritocracia consideran que aprobar a todo el mundo hace que sobren licenciados y permite el triunfo del enchufismo. Cuando el sistema educativo renuncia a hacer criba —que en teoría, se basaría únicamente en los méritos propios— al ser escasos los puestos de trabajo, serán adjudicados a quienes tengan contactos y enchufe —un sistema de selección mucho más injusto—. (Pero podríamos continuar razonando que, desde que cursar una carrera requiere tanta dedicación que no se puede trabajar a la vez, solo aquellos con familias *sponsor* podrán estudiar... Total, que se mire cómo se mire, si has nacido pobre lo llevas crudo).

Ahora puede parecer que la segregación ha venido de la mano de la LOMCE. Sin embargo, con anterioridad algunos centros ya han trabajado separando a los alumnos en grupos diferentes según sus resultados académicos. Esta forma de adaptarse a los diferentes ritmos tiene un precio: los alumnos «menos buenos» quedan estigmatizados y se sienten apartados del sistema. Un chaval al que en ese curso le han embargado la casa se ve puesto en el mismo saco que el que tiene un retraso mental. Puede que fuera un incordio en clase, pero la solución tiene un alto precio: acabar de minar su autoestima y/o el mínimo interés que tuviera por aprender. Tampoco parece muy adecuado poner al segundo junto a los que no quieren estudiar.

Resulta por tanto urgente buscar nuevas soluciones. Ninguna de las «nuevas» pedagogías es perfecta, pero todas se han ocupado de elaborar respuestas a muchos de los problemas que plantea el sistema actual. Desde Montessori y las comunidades de aprendizaje se han desarrollado formas ingeniosas de trabajar con éxito a pesar de las ratios altas. El currículum Waldorf valora las motivaciones que tienen los alumnos en cada edad. Montessori, Steiner y Freinet ya apostaban, anticipándose a la teoría de las inteligencias múltiples, por no limitarse al libro de texto como visión única, para en su lugar trabajar un mismo tema empleando diferentes estrategias. Y si Gardner distingue ocho diferentes inteligencias, Malaguzzi ya hablaba de 100 lenguajes.

La educación libre, el método Freinet, Montessori... entienden que los niños cuentan con diferentes ritmos y motivaciones. No se excluye a los que van rezagados, a la vez que los calificados como «de altas capacidades» pueden avanzar sin tener que esperar al resto del grupo. La mezcla de edades motiva a los pequeños a aprender de los mayores, y a los mayores les ayuda a afianzar sus conocimientos al compartirlos con los pequeños. La mayoría de estas propuestas fomentan que el aprendizaje sea autoguiado. Y mucho antes de que irrumpiera la neurociencia, ya hablaban de la emoción y de la necesidad de dejar a los niños experimentar sin miedo a equivocarse como formas de favorecerlo. ¿Y qué decir de la motivación? La felicidad de un niño que descubre por sí mismo la propiedad conmutativa jugando a los Lego está en las antípodas de la tediosa memorización de «el orden de los sumandos no altera el resultado de la suma».

En Summerhill, la didáctica se basa en clases magistrales de diferentes niveles. Pero es el alumno, orientado por el educador, quien decide cuál es el nivel más adecuado para él, no su edad o sus resultados globales. Y es que no parece buena idea segregar a un niño con dificultades para las matemáticas poniéndole en un aula junto a los «menos avanzados», cuando quizá la historia se le da mejor que a la mayoría de compañeros de su edad.

Hoy en día, con los índices de fracaso escolar por las nubes y la motivación de los alumnos por los suelos, parece necesario no quedarse en lo de siempre. Sin embargo, no hay diálogo. Los defensores de la educación tradicional se limitan a realizar una caricatura de las alternativas. Tampoco es de extrañar: desde el otro lado, se ofrece una visión caricaturizada de la escuela tradicional, donde profesores tiranos tendrían como propósito anular la individualidad de los niños obligándoles a memorizar datos inconexos. A una visión maniqueísta se responde con más maniqueísmo.

No siempre fue así. Desde finales del siglo XIX hasta el estallido de la Guerra Civil, las clases ilustradas se propusieron sacar al país de su atraso apostando por la educación. Para ello, se fijaron en las teorías pedagógicas más avanzadas de la época, que comenzaron a llegar de la mano de la Institución Libre de Enseñanza. Experiencias como la Escuela Moderna de Ferrer i Guàrdia, el Instituto-Escuela o distintas escuelas-bosque colocaron a España en la vanguardia de la innovación pedagógica. En 1915 ya había 15 escuelas Montessori solo en Cataluña —la mismísima *doctoressa* vivió un tiempo en Barcelona—.

Esta ebullición no fue sin embargo un camino de rosas. Ferrer i Guàrdia, que promovió una pedagogía de corte anarquista, llegó a ser fusilado. Pero sí que se daba entonces una diferencia importante respecto a nuestra época: la Escuela Nueva no se contemplaba como «una cosa de jipis» —también es cierto que todavía no existían— sino más bien de la burguesía progresista. Quienes perseguían que los niños fueran a la escuela felices eran intelectuales sin el menor atisbo de ñoñería. Miguel, el primogénito de Ortega y Gasset estuvo entre los afortunados que se beneficiaron de estas innovaciones:

> En la clase, con unas mesitas y unas sillas muy pequeñas, nos enseñaban las cosas de un modo muy simple, que siempre nos han quedado. Por ejemplo, para saber lo que es un kilo nos daban a cada alumno un cuadrado de diez centímetro cúbicos,

de una materia que permitía llenarlo de agua, con lo cual, al realizar la comprobación, veíamos que pesaba un kilo[4].

Su padre, por su parte, defendía ideas que hoy suscribiría cualquier escuela alternativa:

> Suele pensarse que el procedimiento mejor para obtener hombres perfectos consiste en adaptar desde luego el niño al ideal que tengamos del hombre maduro. Ya he insinuado la necesidad de iniciar un método inverso. La madurez y la cultura son creación no del adulto y del sabio, sino que nacieron del niño y del salvaje. Hagamos niños perfectos, abstrayendo en la medida posible de que van a ser hombres: eduquemos la infancia como tal, rigiéndola, no por un ideal de hombre ejemplar, sino por un standard de puerilidad. El hombre mejor no es nunca el que fue menos niño, sino al revés: el que al frisar los treinta años encuentra acumulado en su corazón el más espléndido tesoro de infancia. Las personalidades culminantes suelen parecer algo pueriles al ciudadano mediocre. El comerciante —a mi entender, el tipo inferior del hombre— encuentra siempre un tanto infantil al poeta y al sabio, al general y al político; le parecen gentes que se ocupan de cosas superfluas y cuyo trabajo tiene siempre un aire de juego. Esta impresión que el filisteo recibe del hombre genial no es inmotivada: solo que de esa propensión a gastar esfuerzo en lo superfluo ha nacido cuanto en el mundo hallamos de respetable, incluso los inventos que, una vez logrados, enriquecen al mediocre mercader[5].

Este movimiento no se circunscribió únicamente a las clases acomodadas. Las primeras escuelas Montessori eran públicas (las creó el Ayuntamiento de Barcelona). Durante la República, un «ejército de maestros» se propuso llevar el método Freinet a los pueblos más

[4] Ortega, M. (1983). *Ortega y Gasset, mi padre*. Barcelona: Planeta.

[5] Ortega Y Gasset, J. (1972). *El Espectador III (Biología y Pedagogía)*. Madrid: Revista de Occidente.

atrasados. En las Escuelas del Ave María, se impartía enseñanza gratuita a los hijos de familias pobres. Su fundador, el padre Manjón, era muy crítico con la pedagogía tradicional, y defendía el juego y el trabajo manual como métodos de aprendizaje. Las clases se daban al aire libre siempre que el tiempo lo permitía, antes incluso de que las *open air schools* se extendieran por Europa.

La Guerra Civil acabó con la mayoría de estas experiencias. La *Escola del mar*, de la Barceloneta, fue literalmente bombardeada.

La fama cuesta

Hoy en día, sin embargo, es difícil encontrar entre la intelectualidad apoyos a las pedagogías activas. Buena parte de los docentes también las vilipendian. A los niños «se lo estamos poniendo muy fácil» y a ellos no les pagan «para ir a clase disfrazados de payasos». Comparto algunas de sus opiniones. A mi también me cansa cierta cursilería con la que se habla de la educación activa. Veo padres —no tanto educadores— que aunque se han leído las obras completas de Rebeca Wild, se quedan con lo de la libertad pero se olvidan de los límites. Estoy de acuerdo también con que aprender música o literatura es una forma de felicidad, mucho más real que la que prometen los gurús. Y parece claro que para que una clase sea buena no tiene por qué ser divertida. Es imposible entender a Kafka entre risitas.

Y no, los profesores no tienen por qué hacer de payasos. El problema es que algunos se plantan con tanta insistencia en el otro extremo, que poco les falta para acabar disfrazados de ogros. No se cansan de repetir que a ellos no les importa ni la felicidad de sus alumnos ni lo que piensen. Sin embargo, no parece muy razonable reivindicar el ascensor social y a la vez afirmar que la motivación la tienen que traer los niños de casa, como el bocadillo[6]. Justamente, para aquellos que de casa vienen ya desmotivados es para quienes la escuela podría ser más útil. Además, con esto de la motivación no suele haber término medio: el profesor que no motiva, desmotiva. De clases que son un muermo, un buen porcentaje de los alumnos salen odiando la asignatura.

No se trata de convertir las escuelas en circos, pero tampoco en cárceles. Quienes creen que los niños no trabajan si no hay detrás un reconocimiento del mérito o el miedo al castigo es porque no han conocido más tipos de educación que la que a ellos se les dio —qué ambiente tan poco educativo, por cierto, aquel en el que se tiene que aprender porque así lo quieren otros—. Quim Monzó, el incombustible *enfant terrible* de las letras catalanas, realizó hace unos años estas polémicas declaraciones:

> Es evidente que la falta de educación es ahora superior a la de hace unos años. ¿Qué ha pasado? Pues demasiados años de Rosa Sensat, plastilina y todo eso. Y de unos padres que crecieron confundiendo la autoridad con el fascismo. Educar es reprimir[7].

En mi muy poco espontáneo instituto coincidí con una profesora de historia que compartía estas opiniones. Un día, después de repartir unos exámenes que la mayoría había suspendido, comentó con resentimiento lo deprimente que le resultaba lo poco que nos aprovechaban sus clases. Nos explicó también que hablando con otra profesora de lo mal que andaba la

---

[6] Farreras, C. (2016, 28 de febrero). «El niño va a la escuela a aprender, no a ser feliz». *La Vanguardia*. http://www.lavanguardia.com/edicion-impresa/20160228/4060104358/el-nino-va-a-la-escuela-a-aprender-no-a-ser-feliz.html

[7] Geli, C. (2007, 25 de octubre). «La literatura catalana s'enfonsarà en 20 anys». *El País (Quadern Catalunya)*. http://elpais.com/diario/2007/10/25/quaderncat/1193273125_850215.html
(La traducción es mía). Rosa Sensat es una asociación de maestros que se creó clandestinamente durante la dictadura, para recuperar las corrientes renovadoras que tras la Guerra Civil parecían haberse olvidado. Hoy en día continúa realizando charlas y cursos, principalmente en su *Escola d'estiu*.

juventud, su amiga le había contado que después de un mes explicando la Edad Media, se había dado cuenta de que pasados los exámenes sus alumnos ya no sabían ni de reyes ni de batallas. En cambio, sí se acordaban de que en aquel tiempo los cerdos andaban sueltos por las calles y todo estaba lleno de basura.

A mi «profe» esto le parecía escandaloso. La prueba irrefutable de que las nuevas generaciones no teníamos más que pájaros en la cabeza, por culpa de que todo nos lo ponían muy fácil —la realidad de muchos de mis compañeros no tenía nada de fácil, pero de esto nada sabía la profe—.

Ella no era consciente, pero era una pionera. Se había dado cuenta de que la emoción ayuda a la memorización —pensar en un cerdo por la calle puede provocar risa o susto, pero desde luego, no deja indiferente— años antes de que los neurocientíficos corroboraran este hecho. El problema es que con esta información no hizo nada. Simple y llanamente, le sacaba de sus casillas que el cerebro no trabajara como ella creía que debería hacerlo. Que le fuera más fácil recordar a los cerdos que a los reyes.

Tengo que confesar, que a día de hoy, esta anécdota es de lo poco que recuerdo de aquel curso de historia. Pero se me quedó grabada una cosa más: los privilegios que disfrutaba la Mesta frente a los campesinos. ¿Por qué me acuerdo de esto? Porque me indignaron. No podía entender que los pastores trashumantes pudieran pasar por donde les diera la gana —había zonas en las que no existían cañadas— y arruinar las cosechas. De nuevo, la reacción emocional —y no, nada tenía que ver con que la seño explicara esto con una nariz roja—. Además, el tema volvía a aparecer con algunas variantes en diferentes reinados, de forma que era conocimiento que integrábamos en lo que ya sabíamos. Recordamos historias, no datos.

Como hemos visto en el capítulo dedicado a la pedagogía Waldorf, su currículum está estructurado de forma que las asignaturas se estudian en el momento en que más puedan sintonizar con los estudiantes. La pedagogía Montessori, por su parte, realiza un acercamiento sensorial a la geometría, de forma que cuando los alumnos estudian la fórmula del cuadrado de un binomio, la entienden, en lugar de limitarse a memorizarla. ¿Supone esto «ponérselo demasiado fácil»? Más bien parece una medida inteligente y eficaz. En lugar de caer en la frustración porque el funcionamiento del cerebro no es tan ideal como habíamos creído, hacer lo posible por comprenderlo para sacarle el mejor partido.

En algunas épocas de mi vida he estudiado mucho y ahora me acuerdo de bien poco. Tengo que admitir que mi memoria no es buena, pero también tengo claro que hubiera preferido que mis profesores hubieran sido más sutiles, para que ese esfuerzo no hubiera sido en vano. Sin duda conocían su materia, pero poco sabían de pedagogía, así que aplicaban la vieja formula de apuntes, libros de texto y memorización. Y si bien es cierto que memorizar es necesario en algunos casos, lamentablemente la vida estudiantil acababa reduciéndose a aprenderse unos apuntes para el examen.

A base de machacar, algo se nos quedaba. Me viene a la cabeza ese anuncio de neumáticos en el que un corredor se preparaba en la línea de salida calzando unos taconazos. «La potencia sin control no sirve de nada» —decía una voz en *off*—. Eso ha sido la educación durante demasiados años: la exigencia de esforzarse aunque estos esfuerzos no estuvieran muy bien dirigidos. Fuerza bruta. Como si importara más doblegar la voluntad de los alumnos que el pretendido objetivo: que aprendieran. Y el esfuerzo por el esfuerzo, como bien sabía Sísifo, no es más que un castigo divino.

Resulta curioso que de adultos nos apuntemos a clases de inglés, de historia del arte o de dibujo, cuando hubo un tiempo en que las tuvimos todas las semanas gratis y no teníamos otra obligación. Entonces, sin embargo, era frecuente que hiciéramos «campana»

—yo al menos era una «pellera» de mucho cuidado—. Se dan unas cuantas diferencias, claro: las ratios no son comparables y en los cursos para adultos no se castiga sin recreo a los que no han hecho los deberes. La calidad de las clases no tiene nada que ver, no se ven interrumpidas cada cinco minutos por regañinas del profesor. Se consideraría absolutamente ridículo que se agrupara por edades, todos los de cuarenta años con los de cuarenta años, independientemente de su nivel. Nadie se pone en clase a mirar el móvil a escondidas, ni a echar un ojo al reloj cada minuto esperando que llegue la hora de la salida. Afirmaba Einstein que: «La enseñanza debe ser tal que pueda recibirse como el mejor regalo y no como una amarga obligación». Ahí está la clave.

¡No es ESO, no es ESO!

El rechazo de los «tradicionalistas» hacia las pedagogías alternativas parece responder, además, a la forma en que se han llevado a cabo las últimas reformas educativas. Es frecuente que se asocie «currículum oficial» a programaciones cerradas y estrechas, que no dejan respirar ni incluir otros temas de interés ni a profesores ni a alumnos. Sin embargo, justamente lo que hizo la LOGSE (1990) fue establecer para primaria un currículum tan abierto que era pura filosofía. Diferentes niveles de concreción permitirían adaptarlo a las diferentes comunidades autónomas, centros o alumnos. A quienes no trabajan dentro del mundo educativo les puede resultar muy sorprendente su lectura. No se habla de contenidos, sino de competencias, y del famoso «aprender a aprender». No se apuesta por un aprendizaje memorístico y descontextualizado, sino que en su lugar, se aboga abiertamente por el constructivismo.

En la lucha que mantuvieron los defensores de la disciplina frente a los de la espontaneidad —véase el capítulo 1— habían acabado venciendo los segundos.

Sin embargo, esto ocurrió solo en el Congreso. En los centros, los profesores siguieron siendo los de siempre. Una ley que defendía una pedagogía concreta —y muy alejada de su práctica cotidiana— fue percibida como una intromisión y prácticamente un ataque a la libertad de cátedra. En realidad, la ley se limitaba a recomendar, pero aún así el escándalo fue mayúsculo. Pocos profesores cambiaron el chip, sin darse cuenta de que los mecanismos que sustentaban su práctica habían desaparecido. Los suspensos habían dejado de tener tanto peso —ya solo se repetía curso en casos muy excepcionales—, de modo que esta forma de coacción ya no funcionaba. La LOGSE había pretendido abandonar estos refuerzos negativos para sustituirlos por una educación más motivadora, donde no fueran necesarios los castigos. Sin embargo en las aulas, la didáctica continuó siendo la misma, solo que ahora privada de las herramientas que movían a los niños a estudiar. Se mascaba la tragedia.

Este monstruo de Frankenstein acabó siendo un auténtico desastre. Comenzaron a salir graduados en ESO que no sabían hacer la *o* con un canuto. Muchos docentes siguen mentando hoy a la LOGSE como el principio del fin, sin darse cuenta de que aplicada en su integridad, podría haber revolucionado nuestro sistema educativo. Nunca lo sabremos, porque se quedó a medias, pero el constructivismo no era una bufonada que se habían sacado de la manga los políticos. En realidad, hoy en día se sigue con buenos resultados en algunas escuelas, tanto públicas como privadas —aunque no es un fenómeno mayoritario, y de hecho, el constructivismo se cita a menudo como una de las pedagogías alternativas—.

Con todos sus defectos, la LOGSE defendió, hace ya más de 25 años, una educación diferente. En lugar de proponer una lista de soluciones preestablecidas para poner en práctica en las aulas, la reforma abogaba porque los docentes encontraran sus propias soluciones, teniendo en cuenta el contexto en el que desarrollaban su labor. La práctica educativa se adaptaba así a los alumnos y atendía a su diversidad.

Basada en el constructivismo, la reforma postulaba que el alumno no debía ser tratado como una vasija vacía a rellenar por el docente. El niño debía ser entendido como sujeto activo del aprendizaje. Y este aprendizaje no podía consistir en una memorización de datos inconexos, sino ser significativo: cobrar sentido al relacionarse con datos ya existentes. Los alumnos debían construir sus aprendizajes apoyándose en sus conocimientos previos, de forma que quedaran bien cimentados.

En la práctica, sin embargo, se acabó confundiendo igualdad con uniformidad. Hubo profesores que entendieron que adaptar el aprendizaje al contexto significaba bajar el nivel para que todos los alumnos pudieran seguir el ritmo. La consecuencia fue que los que iban más avanzados se empezaron a aburrir en clase. Tampoco surtió el efecto previsto prolongar la enseñanza obligatoria hasta los 16 años, porque al final los institutos se convirtieron en guarderías, con chicos que no tenían ganas de estudiar, pero continuaban en las aulas por obligación —las malas lenguas llegaron a decir que se trataba de tenerlos allí aparcados hasta que tuvieran edad penal—. Así, los que querían aprender se encontraban con clases repetitivas; los que no, directamente las boicoteaban, de forma que al profesor se le iban buena parte de las energías en intentar mantener el orden.

Fuera de clase, además, se comenzó a exigir a los profesores que realizaran un trabajo burocrático (memorias de evaluación, programaciones, informes individualizados...) que a día de hoy les consume aproximadamente el 25 % de su tiempo y acaba con las pocas fuerzas que les puedan quedar[8]. La situación

---

[8] Barnés, H. (2015, 29 de mayo). «Esto es a lo que dedican de verdad su tiempo los profesores, aunque no quieran». *El Confidencial*. http://www.elconfidencial.com/alma-corazon-vida/2015-05-29/esto-es-a-lo-que-dedican-su-tiempo-los-profesores-aunque-no-lo-quieran_859151/

ha empeorado en los centros que han implantado un sistema de calidad ISO 9000. Los docentes se ven aplastados por montañas de formularios e informes que rellenar. La idea es mejorar la eficiencia, pero en la práctica todo esto afecta negativamente al día a día de los profesores. Nadie piensa que esto tenga que ver con la calidad, pero a los centros «isocizados» les dan más recursos.

Detrás de la reforma hubo pues buenas intenciones, pero no fue coherente con sus propios presupuestos, al no haber tenido en cuenta el contexto. Freinet ya tenía claro —era una de sus «invariantes pedagógicas»— que reaccionamos con rechazo a lo que se nos trata de imponer desde arriba. Muchos profesores sintieron que, de la noche a la mañana, se ponía en duda todo lo que llevaban años haciendo. En la flexibilidad y falta de concreción de la nueva ley no vieron más que palabrería hueca de pedagogos que, sin haber pisado en su vida un aula, tachaban sus métodos de anticuados.

Para los más críticos, con su igualitarismo mal entendido, la izquierda hundió la educación pública, ya que las familias que pudieron se llevaron a sus hijos a colegios concertados o privados, menos permeables a los cambios. Afirma Javier Orrico, que: «El proyecto ilustrado que proclama que el hombre mejora a través de la cultura, la belleza y el arte, se lo han cargado por la raíz. Desde ese momento, el bastión de defensa de la cultura que era el sistema educativo, ha sido arrasado». Y continúa manifestando, cuando se le pregunta por la inclusión:

> Tú imagínate que eres profesor de matemáticas de chicos de 14 o 15 años, y tienes en la clase a un chaval casi paralítico cerebral cuyo nivel intelectual es el de un niño de siete años. Te lo meten en la clase, y alguna hora de la semana, te lo sacan de la clase para darle matemáticas aparte. Y a ti te dicen que vayas controlando su trabajo y el del resto. En el resto hay cinco gamberros que no te dejan dar clase; ocho que no

> entienden nada de lo que dices; diez que podrían ser alumnos estupendos a los que no puedes atender porque tienes que controlar a los anteriores... Entonces, claro, las clases son inmanejables. [La consecuencia] es el desistimiento. Mucha gente ha desistido de llevar adelante su profesión y va a clase a que pase la hora, a que estén allí los niños, a mandar ejercicios. Tenemos una especie de escuelas para chicos mayores donde el aprendizaje, la exigencia y los programas son lo menos importante, y se trata de que estén allí y lleguen hasta los 16 años y adiós muy buenas[9].

Más claro, el agua. No es de extrañar que en este contexto hayan surgido diferentes alternativas y cierta sensación de «el último que apague la luz». En décadas anteriores, la educación podía ser autoritaria, no tener en cuenta a los alumnos... pero, al menos, quien acababa la secundaria salía de allí con un mínimo de cultura. Hoy en día, por el contrario, se consigue que los alumnos pierdan la curiosidad a cambio de apenas nada. La escuela, hoy, ni forma ni motiva. Hay excepciones, claro, tanto en la pública como en la privada. Pero resulta bien triste encontrar tantos profesores que han tirado la toalla y que solo esperan quemados a que les llegue la jubilación. ¿Cómo podemos esperar que los adolescentes no sean apáticos, si estos son los adultos que les tendrían que servir de modelo?

¿Una burbuja?

No cabe duda de que hay familias que eligen para sus hijos pedagogías que están de moda para ver si sale de allí un Larry Page o una Jennifer Aniston, o simplemente por puro esnobismo. Pero son los menos. La mayoría de los padres y las madres que optan por proyectos

---

[9] DÍAZ, A. (2005, 6 de mayo). «La izquierda se ha cargado la enseñanza pública». *Periodista Digital*. http://www.periodistadigital.com/old/60998.shtml

de educación activa son personas muy concienciadas respecto a la educación. Se han informado, han leído y, en ocasiones, han llegado a cambiar de trabajo y de ciudad porque donde vivían no contaban con ningún colegio que les convenciera. Para muchas supone además un esfuerzo económico importante. Y a veces pueden tener miedo o dudas respecto a una educación tan alejada de la que recibieron. Pero lo que tienen claro es, precisamente, que quieren para sus hijos algo diferente. Y no porque les haya ido mal según los parámetros sociales, sino porque hubieran querido que, en su infancia, nadie les hubiera robado el placer de aprender.

A la mayoría nos lo robaron. Al final, lo que contaba era contestar correctamente a las respuestas de los exámenes y hacer los deberes todos los días. En clase, permanecer en silencio y no hacer ninguna pregunta poco ortodoxa —como tampoco sabíamos diferenciarlas de las que sí que agradaban a «la seño», lo mejor era callarse—. No salirse de la raya. Tampoco era todo malo: de vez en cuando teníamos la suerte de que nos tocara un profesora realmente motivadora que disfrutaba compartiendo con nosotros lo que a ella le apasionaba. Pero tampoco era frecuente, más bien parecía algo fortuito, para nada potenciado por la institución.

La experiencia es tan común que puede parecer una pérdida de tiempo explicarla. Pero resulta que, con los años, muchos parecen haberla olvidado. En cuanto se plantea un modelo educativo diferente al tradicional, en seguida hay quien comienza a hablar de padres irresponsables, homeopatía, elitismo y niños que acabarán pegándose la bofetada cuando salgan al mundo real...

¡Ah, el mundo real! ¡Haber empezado por ahí, hombre! Porque sospecho que toda esta inquina tiene mucho que ver con él. Con el mundo que es real para una multitud de adultos que se despiertan cada mañana para ir a un trabajo que no les motiva nada

—y que seguramente no tiene mucho sentido—, entre compañeros que en cuanto se descuiden les pegarán la puñalada trapera para conseguir el ascenso. Y a pesar de ello, a dar gracias, que hay mucho paro.

Para ese tipo de realidad, seguramente el colegio fue un buen anticipo. Pero aquí viene el notición: esa no es —afortunadamente— la única realidad. Existen trabajos que aparte de permitir llegar a fin de mes se pueden llevar a cabo con gusto y sintiendo que aportan algo a la sociedad. Hay compañeros que no solo no son unos trepas y unos pelotas en busca únicamente del reconocimiento del jefe, sino que además, comparten con los demás lo que saben y lo hacen sin altanería. ¿Estoy hablando de una película de Walt Disney? No. Simplemente, se trata de otro de los muchos mundos que existen. Probablemente sea minoritario, pero, sin duda, merece más la pena[10].

En *De Cáelo et inferno* (1758), el filósofo y místico Emanuel Swedenborg expuso sus ideas respecto a la vida después de la muerte. Para él, como nos explica Borges, cielo e infierno no eran en principio lugares, sino condiciones de las almas, determinadas por su vida anterior. Así, quienes han llevado una vida dedicada a conspirar, mentir e imponerse, preferirán continuar en un lugar donde puedan seguir haciéndolo, entre semejantes. No sabrían hacer otra cosa. Por el contrario, los que hayan vivido de una manera justa, buscando la sabiduría entre espíritus afines, continuarán haciéndolo tras su muerte, y para ellos esto será el Paraíso. No es Dios quien condena o salva: el hombre es libre y más allá de la muerte buscará el ambiente que le permita

[10] En el mundo de la programación, por ejemplo, es una práctica habitual realizar contribuciones de código abierto. Un programador puede compartir parte de su trabajo públicamente para que otros programadores puedan reutilizarlo en sus desarrollos. En los programas *open source* cualquiera puede contribuir con cambios y mejoras. Los creadores deciden si se incorporan o no dependiendo de su utilidad, en un diálogo público. La comunidad reconoce a quienes más contribuyen, pero no estaría bien visto que uno se jactara de ello.

Donde los niños se esfuercen porque ven un sentido a su trabajo, no por esperar el «muy bien». Donde se puedan aprender habilidades que serán útiles para la vida adulta, pero también a disfrutar de un poema o de la flora del entorno. Escuelas en las que no solo se ayude a comprender las claves del presente, sino también que el mundo no fue siempre como ahora lo conocemos, que otras alternativas se quedaron por el camino y que el futuro dependerá en buena medida de lo que hagamos hoy. No se trata de mantener a los niños en una burbuja, aislados de la realidad, pero tampoco de adoctrinarles para que encajen de forma sumisa, asumiendo acríticamente los valores mercantilistas hoy en alza.

Lamentablemente, resulta muy difícil encontrar centros así. Las administraciones no les están dejando espacio y el debate está muy polarizado. Los programas de televisión dedicados al tema, con su formato «lucha de gladiadores» tampoco ayudan. Sus invitados suelen ser educadores monolíticos de uno u otro bando que no van allí a dialogar, sino a tratar de imponerse sobre el otro. Parece que arrastramos el lastre de demasiados debates protagonizados por políticos, tras los cuales se juzga quién ha sido el vencedor. La mala política ha contagiado con sus tics a la plaza pública.

Y, sin embargo, es necesario alzarse sobre todo este ruido y debatir, verdaderamente, sobre qué educación queremos para nuestras hijas e hijos. Porque otra educación es ya posible, sí, pero solo acabará de funcionar y de extenderse si estamos atentos a mantener el rumbo entre los cantos de sirena. A rectificarlo si es necesario. A asumir que no será fácil y que todo lo que merece la pena en esta vida está en continua construcción. A no entender «nuestra» pedagogía como los colores de un club de fútbol, que se defienden con las tripas de forma acrítica. Es necesario que seamos capaces de explicar por qué creemos que la educación debe cambiar, y por qué este cambio no debería limitarse a producir trabajadores mejor adaptados al nuevo mercado laboral. La educación debe consistir en algo más que en producir niños emprendedores y el cambio educativo debe ser para todos, no solo para quienes puedan pagarlo.

Y por último, pero no menos importante, debemos tener presente que la educación comienza en casa. Que si queremos que nuestros hijos sean capaces de desarrollar el sentido crítico, de atreverse a experimentar, de contemplar los errores como parte de un aprendizaje o de tener siempre un plan B, nosotros mismos debemos ser ejemplo de todo esto. Se trata, pues, de huir tanto de fórmulas mágicas y gurús como de agoreros que pregonan que solo los niños que se matriculen en su escuela «se salvarán» en ese futuro incierto que nos espera... Cada vez se hace más evidente que solo una sociedad más justa y responsable será habitable, así que parece que lo más inteligente sería comenzar a trabajar ya por superar el individualismo cegatón en que llevamos tanto tiempo instalados. El futuro es incierto por definición. Lo único que está claro es que podemos elegir entre ser conducidos hacia él como ovejitas, dándonos empujones entre nosotros, o empezar a movernos para que no sea tan oscuro como lo pintan.

El Gran Kan estaba hojeando ya en su atlas los mapas de las ciudades amenazadoras de las pesadillas y las maldiciones: Enoch, Babilonia, Yahóo, Butúa, Brave New World.
Dice:
—Todo es inútil, si el último fondeadero no puede ser sino la ciudad infernal, y donde, allí en el fondo, en una espiral cada vez más cerrada, nos absorbe la corriente.
Y Polo:
—El infierno de los vivos no es algo por venir; hay uno, el que ya existe aquí, el infierno que habitamos todos los días, que formamos estando juntos. Hay dos maneras de no sufrirlo. La primera es fácil para muchos: aceptar el infierno y volverse parte de él hasta el punto de dejar de verlo. La segunda es arriesgada y exige atención y aprendizaje continuos: buscar y saber reconocer quién y qué, en medio del infierno, no es infierno, y hacer que dure, y dejarle espacio.

Las ciudades invisibles.
Italo Calvino.
Siruela. Madrid, 2013.

Agradecimientos

Quiero dar las gracias a todas las personas y colectivos que me han invitado a conocer sus proyectos, que han compartido conmigo su tiempo, que me han permitido usar sus fotos, que han revisado capítulos, que me han inspirado...

Silvia Lajarín, Sonia Amaya, Lara Jaruchik, Julia Martínez, Mercè Baeta, Susana Abarca, Marc Roselló, Lía, Belén Pitarch, Vera, Mercè Güell, Eva Rull, Mila y Xavi, Laia y Esteve, Elisabet, Jenny Silvente (suya es la idea de reconstruir la escuela con nuestras manos), Diana y Diego (Esto no es una escuela), Sara Acera, Sabrina Gambau, Daragh McInerney, Amara Berri, Gladys García, Iria Mosquera, CRA Antía Cal, Xavier Alsina, Carmen Ternero, CEIP Nou de Quart, CEIP Castellum, Montserrat Ymbert, Comunidad de Aprendizaje L'Amistat, Papoula, CEE Montessori-Palau, Waldorf Vallgorguina, Antonio Malagón, Escuela Waldorf El Farol, Escola Waldorf Vers el Sol, Yi Hui y Eulalia, Iolanda Arboleas, Institut de Sils, Rebeca González, Miguel La Esencia, Guadalupe Iserte, Laura Díaz de Entresotos, Manel Martínez, Arcadia, La Pinya, Associació Gatzara, Mirades, El Submarí Lila, La Violeta, Betzabé Lillo, Anna Domenech, Lluís Muntada, Concepció Morera, Diraya, Carlos y Nadia, Juanjo Vergara, Uma Gonzalo, Madalen Goiria, Paola Alpresa, Derry Hannam, Ani Pérez, Paula Quintana, Rebeca Calvo, Guillem Massot (él tradujo el texto de Ferrière que aparece al principio), Javier Zarzuela, Anna Camps, Erola Sambola, Judit Torres, Txell Verdaguer, Olga del Río, Ainara Muruzabal, Dolors Blanch, Cristina García, Laura Pérez, y a todos mis compañeros del curso de Montessori, con quienes compartí en los desayunos mucho más que palmeritas.

Gracias también a *John Litter*, por haber confiado en mí y por tantas conversaciones.

Y por supuesto, gracias por haber estado siempre ahí a Jaime —media parte de este libro— y a Biel, con quien no dejo de aprender cada día.

Saber más

Montessori

FOSCHI, R. (2014). *Maria Montessori*. Octaedro, Barcelona.

MONTESSORI, M. (2014). *La mente absorbente del niño*. Montessori-Pierson Publishing Company, Ámsterdam.

Waldorf

CARLGREN, F. (2002). *Pedagogía Waldorf: Una educación hacia la libertad*. Editorial Rudolf Steiner, Madrid.

CLOUDER, C. (2011). *Educación Waldorf*. Editorial Rudolf Steiner, Madrid.

Educación libre

GRAY, P. (2016). *Aprender en libertad*. Esto no es una escuela, Santa Cruz de Tenerife.

NEILL READHEAD, Z. (2012). *Summerhill hoy*. Litera, Albuixech.

WILD, R. (2013). *Educar para ser: Vivencias de una escuela activa*. Herder, Barcelona.

Otros enfoques

ANAUT, L. (2014). *Sobre el sistema Amara Berri*. Jaurlaritzaren Argitalpen Zerbitzu Nagusia, Vitoria-Gasteiz.

DOMÈNECH, F. (2009). *Elogio de la educación lenta*. Graó, Barcelona.

ELBOJ, C., Puigdellívol , I., Soler, M. (2009). *Comunidades de aprendizaje: Transformar la educación*. Graó, Barcelona.

ESCAMILLA, A. (2014). *Inteligencias múltiples: Claves y propuestas para su desarrollo en el aula*. Graó, Barcelona.

FREIRE, H. (2011). *Educar en verde: Ideas para acercar a niños y niñas a la naturaleza*. Graó, Barcelona.

GOIRIA, M. (2015). *10 tópicos sobre el homeschool*. CreateSpace Independent Publishing Platform.

IMBERNON, F. (2010). *Las invariantes pedagógicas de Célestine Freinet cincuenta años después*. Graó, Barcelona.

MALAGUZZI, L. (2011). *La educación infantil en Reggio Emilia*. Octaedro, Barcelona.

MELGAREJO, X. (2013). *Gracias, Finlandia*. Plataforma Editorial, Barcelona.

PIKLER, E. (1994). *Moverse en libertad: Desarrollo de la psicomotricidad global*. Narcea, Madrid.

STERN, A. (2008). *Del dibujo infantil a la semiología de la expresión*. Carena Editors, Valencia.

VERGARA, J. J. (2015). *Aprendo porque quiero: El Aprendizaje Basado en Proyectos (ABP), paso a paso*. Ediciones SM, Madrid.

Obras generales

ANGULO, F. (coord). (2000). *Pedagogías del siglo* XX. Editorial Cisspraxis, Barcelona.

CAPDEVILA, C. (2015). *Educar millor*. Arcàdia, Barcelona.

CARBONELL, J. (2016). *Pedagogías del siglo* XXI: *Alternativas para la innovación educativa*. Octaedro, Barcelona.

FABRA, M. L. (1973). *La nueva pedagogía*. Salvat, Barcelona.

FERNÁNDEZ ENGUITA, M. (2016). *La educación en la encrucijada*. Fundación Santillana, Madrid.

FERNÁNDEZ NAVAS, N., y ALCARAZ SALARIRCHE, N. (coords). (2016). *Innovación educativa: Más allá de la ficción*. Pirámide, Madrid.

L'ECUYER, C. (2015). *Educar en el asombro: ¿cómo educar en un mundo frenético e hiperexigente?*. Plataforma, Barcelona.

LURI, G. (2010). *La escuela contra el mundo: El optimismo es posible*. CEAC, Barcelona.

PERICACHO, J. (2016). *Actualidad de la Renovación Pedagógica*. Editorial Popular, Madrid.

TONUCCI, F. (2004). *Cuando los niños dicen ¡basta ya!*. Fundación Germán Sánchez Ruipérez, Madrid.

TRILLA, J., CANO, E., CARRETERO, M., ESCOFET, A., FAIRSTEIN, G., & FERNÁNDEZ FERNÁNDEZ, J. *et al.* (2013). *El legado pedagógico del siglo XX para la escuela del siglo* XXI. Graó, Barcelona.

WILLINGHAM, D. (2011). *¿Por qué a los niños no les gusta ir a la escuela?: Las respuestas de un neurocientífico al funcionamiento de la mente y sus consecuencias en el aula*. Graó, Barcelona.

Algunas imágenes

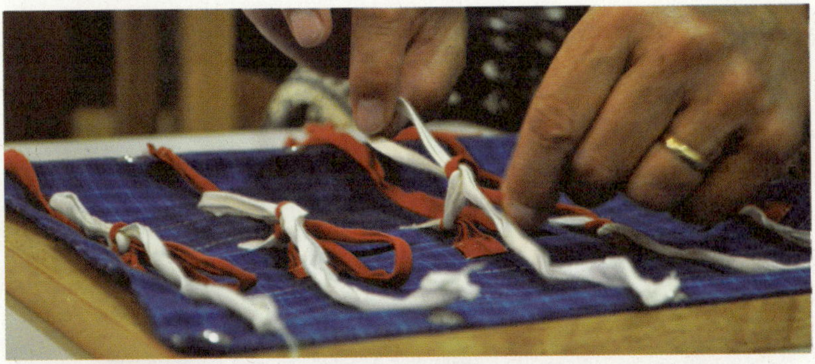

© Almudena García

Presentación de la forma de realizar un lazo por parte de la guía.

© Olga del Río

Esta pedagogía fomenta que los niños sean autónomos desde muy pequeños.

Ambiente de educación infantil.

El alfabeto móvil.

Combinando la torre rosa con la escalera marrón. Ambas sirven para entrenar la discriminación visual y suponen una preparación para conceptos matemáticos como el sistema decimal, el peso o el volumen.

Viendo el sistema decimal.

La larga línea de la vida.

Ambiente de primaria.

© Almudena García

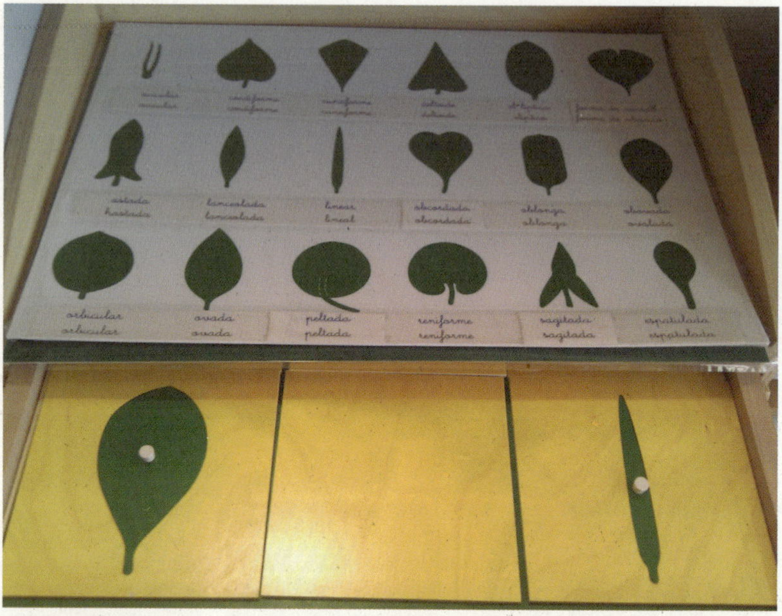

© Almudena García

© Almudena García

© Almudena García

© Almudena García

La pedagogía Montessori es muy conocida por sus materiales matemáticos, pero cuenta además con recursos muy interesantes para trabajar la botánica, la geografía, la música, la sintaxis...

Waldorf

Haciendo pan.

En la mesa de estación se incluyen elementos que ayudan al niño a situarse en el momento del año.

© Almudena García

Aula de educación infantil.

© Lara Jaruchik

La educación artística, uno de los pilares de la pedagogía Waldorf.

Aula de educación primaria.

Las pizarras rebosan belleza para cautivar al niño, que luego reproduce los poemas y dibujos en su cuaderno.

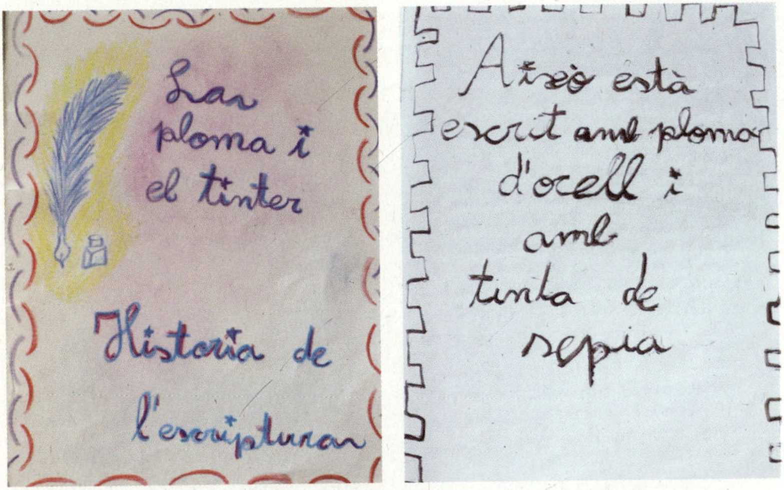

En Waldorf, son los propios alumnos quienes elaboran sus libros de texto. En este, de la Historia de la Escritura, los niños comienzan copiando inscripciones de escritura cuneiforme, jeroglíficos... Después, escriben con pluma de pájaro, utilizando tintas naturales, como la de sepia. Pasan a continuación a la pluma y la tinta china, para llegar finalmente a la estilográfica. Descubren así, experimentándola, la historia del desarrollo de la escritura, despertándose en ellos el agradecimiento a quienes desarrollaron herramientas que hoy nos permiten escribir de una manera más sencilla.

Cuando se comienza a estudiar la gramática, el maestro explica la historia de los tres caballeros. El caballero rojo (el verbo) es el de la acción; al azul (el sustantivo) le gusta pensar y conocer el nombre de todas las cosas; el amarillo (el adjetivo), prefiere fijarse en cómo son las cosas. A los alumnos les es fácil identificar a sus compañeros y así mismos con uno de los caballeros.

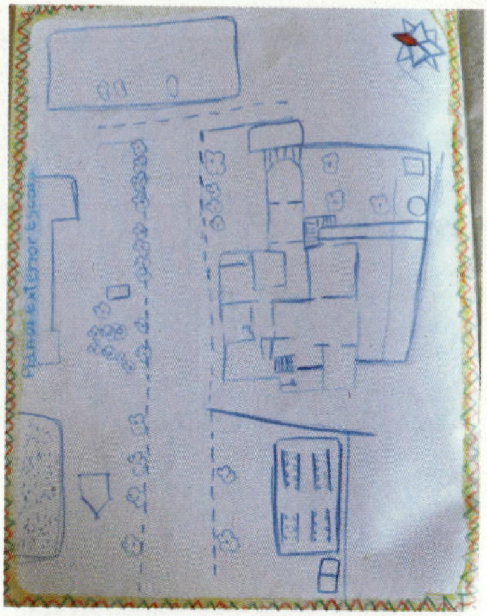

Para introducir la geografía, los alumnos comienzan por realizar un mapa de la clase y a continuación de la escuela. Después, si es posible, suben a un punto elevado cercano y desde allí dibujan el mapa del pueblo. Los mapas de la comarca, la provincia, etc. sí tienen que copiarlos, pero hasta donde ellos pueden realizan el mapa de su mundo por sí mismos.

Los alumnos descubren que las tablas de multiplicar dibujan diferentes figuras geométricas (por ejemplo, en la del 4: 4x0=0, 4x1=4, 4x2=8, 4x3=(1)2...). Antes de dibujar las figuras en sus cuadernos, los niños hacen corros de diez y las realizan con un cordel.

Educación Libre

Realizando un proyecto de carpintería. Los niños entienden desde muy pequeños el valor del esfuerzo, sin necesidad de premios ni castigos.

Corro de comienzo del día. Los niños pueden compartir descubrimientos, lo que han soñado esa noche, comentar conflictos, proponer talleres...

Taller de música.

«El juego es el trabajo del niño, su oficio, su vida».
(Pauline Kergomard)

La hora del cuento.

© Associació Gatzara

Colaborando en un experimento. La mezcla de edades facilita que los peques aprendan unos de otros.

© Associació Gatzara

Aprendiendo mates con las regletas de Cuisenaire.

Poder realizar propuestas sobre qué libros leer, un buen aliciente para comenzar a escribir.

Los niños reproducen en sus juegos lo que ven hacer a los adultos.

© Lara Jaruchik

© Lara Jaruchik

«Para aprender a caminar, el niño necesita estar en un contexto en el que las personas caminen. Para aprender a hablar es necesario que el niño esté rodeado de personas que hablen. Para crecer, es necesario que los niños estén en un entorno donde las personas crezcan». (Vicenç Arnaiz)

Otros enfoques

En las escuelas con enfoque Reggio Emilia se considera que la racionalidad y el sentimiento, el conocimiento y la imaginación, deben de ir de la mano.

Las mesas de luz, un recurso muy utilizado en estas escuelas.

© Jenny Silvente

Jugando con la luz.

© Jenny Silvente

La creación de minimundos permite a los niños recrear experiencias.

Grupos interactivos en una comunidad de aprendizaje: mientras un grupo estudia los ángulos con el profesor...

...otro grupo puede estar resolviendo problemas ayudado por una voluntaria.

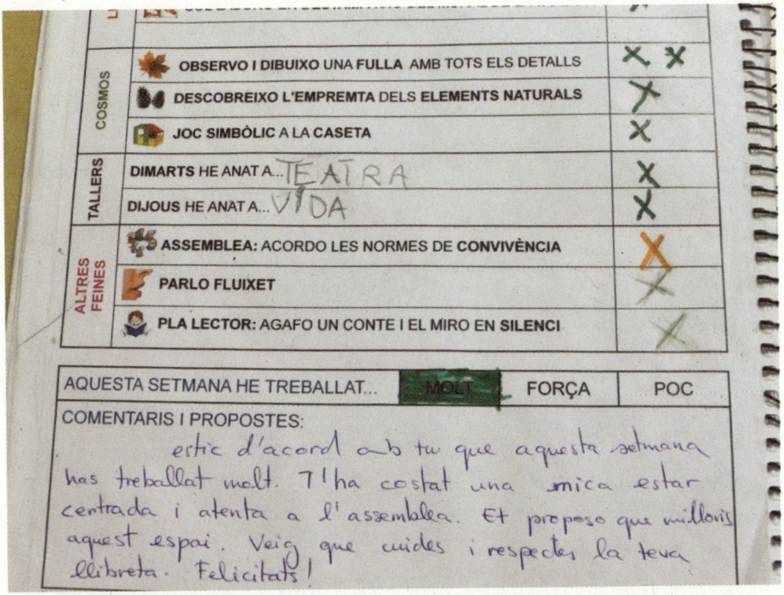
COSMOS
OBSERVO I DIBUIXO UNA FULLA AMB TOTS ELS DETALLS
DESCOBREIXO L'EMPREMTA DELS ELEMENTS NATURALS
JOC SIMBÒLIC A LA CASETA
TALLERS
DIMARTS HE ANAT A... TEATRA
DIJOUS HE ANAT A... VIDA
ALTRES FEINES
ASSEMBLEA: ACORDO LES NORMES DE CONVIVÈNCIA
PARLO FLUIXET
PLA LECTOR: AGAFO UN CONTE I EL MIRO EN SILENCI
AQUESTA SETMANA HE TREBALLAT...
MOLT
FORÇA
POC
COMENTARIS I PROPOSTES:
estic d'acord amb tu que aquesta setmana has treballat molt. T'ha costat una mica estar centrada i atenta a l'assemblea. Et proposo que millorís aquest espai. Veig que cuides i respectes la teva llibreta. Felicitats!

Plan de trabajo Freinet. El alumno puede seleccionar una actividad de cada grupo, que realizará a lo largo de la semana. Con distintos colores (verde, ambar o rojo) se autoevalua. Al final, la profesora escribe también su valoración.

Alumnos de una escuela con enfoque Freinet en la emisora de radio.

© AmaraBerri

En las escuelas Amara Berri los niños aprenden haciendo. En la imagen, el barrio con su tienda.

© AmaraBerri

Tanto la biblioteca, como la web o la radio de la escuela son gestionadas por los propios alumnos.

En las escuelas rurales, alumnos de diferentes edades comparten una misma aula. En este contexto, resulta especialmente útil el trabajo por rincones o por áreas.

¿Quién dijo que estas pedagogías son elitistas? Cada vez más escuelas públicas se inspiran en enfoques como Montessori o la Educación Viva.

© Associació Gatzara

Los huertos escolares, un recurso cada vez más valorado.

© CRA Antía Cal

Las setas de verdad no viven ni en las fichas ni en las tablets.

La educación creadora facilita la libre expresión, sin temer o buscar valoraciones posteriores.

Las madres de día habilitan sus hogares de forma que sean seguros para los niños.

Taller de movimiento basado en las ideas de Arno Stern. El objetivo no es aprender a bailar, sino experimentar con el propio cuerpo, con las posibilidades del espacio, los ritmos... dejarse llevar para reencontrarse con uno mismo y con las posibilidades del juego.